O QUE ESTÁ ACONTECENDO COM O MEU CORPO?

LIVRO PARA MENINOS

CIP-BRASIL. CATALOGAÇÃO NA FONTE
SINDICATO NACIONAL DOS EDITORES DE LIVROS, RJ

M151o

Madaras, Lynda, 1947-
    O que está acontecendo com o meu corpo? : livro para meninos / Lynda
Madaras com Area Madaras ; tradução Marcos Malvezzi Leal ; [ilustrações
Simon Sullivan]. - 7ª ed. - Rio de Janeiro, RJ : Verus, 2025.
    il. ; 23 cm

    Tradução de: The What's Happening to My Body? Book for Boys
    ISBN 978-85-7686-125-6

    1. Adolescentes (Meninos) - Crescimento. 2. Adolescentes (Meninos) -
Saúde e higiene. 3. Educação sexual para meninos. I. Madaras, Area.
II. Título.

11-3115
                                                 CDD: 612.661
                                                 CDU: 612.661

Lynda Madaras
com Area Madaras

O QUE ESTÁ ACONTECENDO COM O MEU CORPO?

LIVRO PARA MENINOS

Tradução
Marcos Malvezzi Leal

7ª EDIÇÃO
Rio de Janeiro-RJ / São Paulo-SP, 2025

VERUS EDITORA

Título original
The What's Happening to My Body? Book for Boys

Editora
Raïssa Castro

Coordenadora Editorial
Ana Paula Gomes

Copidesque
Maria Lúcia A. Maier

Revisão
Renata Coppola Fichtler

Projeto Gráfico
André S. Tavares da Silva

Ilustrações
Simon Sullivan

Copyright © Lynda Madaras e Area Madaras, 1983, 1988, 2000, 2007

Tradução © Verus Editora, 2011

Direitos reservados em língua portuguesa, no Brasil, por Verus Editora.
Nenhuma parte desta obra pode ser reproduzida ou transmitida por qualquer forma
e/ou quaisquer meios (eletrônico ou mecânico, incluindo fotocópia e gravação) ou
arquivada em qualquer sistema ou banco de dados sem permissão escrita da editora.

VERUS EDITORA LTDA.
Rua Argentina, 171
São Cristóvão - 20921-380
Rio de Janeiro/RJ - Brasil
www.veruseditora.com.br

GRUPO EDITORIAL RECORD
www.record.com.br

SUMÁRIO

PREFÁCIO 11

INTRODUÇÃO PARA OS PAIS 13

1. PUBERDADE 25

Sexo 27

Os órgãos sexuais masculinos 28

Box: Circuncisão 31

Os órgãos sexuais femininos 32

Relações sexuais 33

Fazendo bebês 35

Espermatozoides, esperma e ejaculação 36

Óvulo e ovulação 38

Fertilização, gravidez e nascimento 38

Box: Gêmeos, gêmeos siameses, trigêmeos 40

Tudo o que você sempre quis saber... 42

Para ler este livro 43

2. AS PRIMEIRAS MUDANÇAS E OS ESTÁGIOS DA PUBERDADE 44

Começando cedo, começando tarde 45

Desenvolvimento rápido, desenvolvimento lento 46

As primeiras mudanças 46

Medindo o tamanho dos testículos 47

Pelos púbicos 47

Box: Frio e solto 49

Os estágios da puberdade 50

  Cinco estágios do crescimento e do desenvolvimento genitais 52

    Estágio 1: Infância 52

    Estágio 2: Testículos e escroto aumentam....................................52

    Estágio 3: O pênis fica mais longo..53

    Estágio 4: O pênis fica mais largo 53

    Estágio 5: Adulto..54

  Cinco estágios do crescimento dos pelos púbicos.............................54

    Estágio 1: Infância 54

    Estágio 2: Surgem os primeiros pelos púbicos...............................54

    Estágio 3: O crescimento continua 54

    Estágio 4: Quase adulto...56

    Estágio 5: Adulto..56

Sentimentos em relação à puberdade...56

Sou normal?...58

3. GUIA DO PROPRIETÁRIO PARA OS ÓRGÃOS SEXUAIS: O QUE É NORMAL? O QUE NÃO É? 60

Tamanho do pênis 61

  A questão do tamanho 61

  Na média...62

  Box: Medidas...63

  Mitos acerca do tamanho do pênis 64

O pênis: circuncidado e não circuncidado 66

  O pênis não circuncidado 66

  Box: Circuncisão – por quê?..68

  Estágios da retração do prepúcio em homens não circuncidados............69

  Box: Mantendo o prepúcio...71

  A anatomia do prepúcio 71

  O pênis circuncidado...73

Outras variações no pênis 75

  Box: Cuidados com os órgãos sexuais...77

O escroto 77

  A rafe...77

  Escroto "vazio": falta de testículo, testículos não descidos e retráteis........78

4. O ESTIRÃO DE CRESCIMENTO DA PUBERDADE 79

A altura 80

Eu vou ser alto? 80

Contos e histórias de altura 81

Box: Pílula para crescer? 84

Os pés primeiro 84

Box: Dores do crescimento e escoliose 85

O peso 85

Mudança de forma 86

Força física 87

Tipos básicos de corpo 88

Treino com pesos 90

Box: Esteroides 90

Cuidados com o corpo 91

Comer bem e se exercitar 91

Box: Uma porção equivale a quanto? 93

Exercícios 94

Fumo, álcool e outras drogas 94

Sentir-se bem com o próprio corpo 95

5. PELOS NO CORPO, SUOR, ESPINHAS E OUTRAS MUDANÇAS 98

Pelos nas axilas e no corpo 98

Uma questão cabeluda 99

Pelos no rosto 99

Fazer a barba 100

Box: Fica mais grosso e mais escuro mesmo? 102

Lâminas e barbeadores: guia do comprador 102

Dicas para uma boa barba: lâminas 103

Dicas para uma boa barba: barbeadores elétricos 104

Suor e cheiro do corpo 104

Como lidar com o suor e com o cheiro do corpo 105

Desodorantes e antitranspirantes 106

Espinhas e acne 106

O que causa a acne? 107

Tratamento 109

Tratamentos sem receita médica 109

Box: Acne e alimentação 110

    Tratamento médico 110

Box: Problemas de pele específicos para afrodescendentes.............111

Mudanças na voz 112

Mudanças nas mamas 113

    Box: O lado bom da puberdade 115

6. MUDANÇAS NOS ÓRGÃOS REPRODUTORES MASCULINOS: EREÇÕES, ESPERMATOZOIDES E EJACULAÇÕES 116

Ereções 116

    Como é por dentro? 117

    O meu é normal? 118

    Amolecimento 119

Os órgãos reprodutores masculinos 120

    Fábricas de espermatozoides: os testículos 122

    Box: Alguns nomes científicos 122

    Box: Testosterona 123

    Armazenamento e transporte de espermatozoides: o canal deferente.....123

    Espermatozoide + próstata e fluidos seminais = sêmen.......................124

    Tubos, tubos e mais tubos 125

    Box: Gatorade para esperma 126

Ejaculação 126

    Emissão 126

    Expulsão 128

    Fluido pré-ejaculatório 128

    A primeira ejaculação 129

Os órgãos reprodutores masculinos: questões de saúde 130

    Câncer dos testículos e autoexame testicular (AET).................................130

    Dor nos testículos 131

    Box: Protetor para os testículos e outros suportes atléticos.................133

7. EREÇÕES ESPONTÂNEAS, ORGASMOS, MASTURBAÇÃO E SONHOS MOLHADOS 136

Ereções espontâneas 137

    Box: Como lidar com as ereções 138

Orgasmo 138

A resposta sexual masculina 139

Masturbação 141

Você não está vendo ninguém com pelos na palma da mão, está? 142

Fantasias sexuais 143

Perguntas frequentes 144

Sonhos molhados 146

8. AS MENINAS E A PUBERDADE 149

Semelhanças e diferenças 149

As primeiras mudanças 150

Seios 151

Sentimentos em relação ao desenvolvimento dos seios.......................151

Sutiãs...151

Os estágios da puberdade 152

O estirão de crescimento..156

Mudança de forma 156

Pelos no corpo, suor, espinhas e outras mudanças...................156

Os órgãos sexuais...157

Masturbação 157

O hímen 158

A vagina, o útero, os ovários e as tubas uterinas 159

Ovulação 160

Menstruação 160

O ciclo menstrual..163

Hormônios 165

Cólicas menstruais 165

Outras mudanças menstruais e TPM......................................166

9. IMPULSOS ROMÂNTICOS E SEXUAIS 167

Apenas amigos..168

Paixonites 169

Impulsos homossexuais...171

Namoro 173

Apaixonar-se 175

Decisões a respeito de como lidar com
os sentimentos românticos e sexuais.....................................176

Box: Contraceptivos 180

Sexualidade: inibição/culpa 181

Inibição 181

Box: Aids e outras DSTs 182

Culpa 182

Crimes sexuais 185

Estupro 185

Abuso sexual de crianças 186

Palavras finais 188

RECURSOS 192

Aviso sobre a internet 192

Contraceptivos, aids e outras doenças
sexualmente transmissíveis (DSTs) 193

Terapia e aconselhamento 193

Juventude *gay* e lésbica 194

Recursos para pais e professores 194

PREFÁCIO

Infelizmente, os adolescentes não vêm equipados com manual do proprietário, como os carros. Tanto estes quanto aqueles têm alto desempenho, às vezes precisam de manutenção e podem ser difíceis de ligar, manobrar e parar. Um grande obstáculo na comunicação entre pais e adolescentes é o fato de nenhum dos lados saber o que esperar do outro. Os pais costumam ensinar a seus filhos o que eles próprios aprenderam. Isso funciona bem com um jogo, uma pescaria, uma troca de óleo do carro, o preparo de uma refeição etc., mas não dá certo na área da sexualidade e do desenvolvimento na puberdade. Os pais geralmente não aprenderam esses assuntos com seus pais e, portanto, não têm um modelo para seguir quando querem falar com os filhos.

O livro de Lynda Madaras se aplica muito bem como manual do proprietário para adolescentes e guia de ensino para os pais. Concordo totalmente com a autora quando ela sugere que o livro seja lido por pais e adolescentes/ pré-adolescentes juntos. Este volume informativo prepara ambos para as mudanças que estão por vir e é um excelente manual de consulta para quando os adolescentes tiverem dúvidas acerca de seu corpo.

Tive o prazer de conduzir várias sessões com meninos da quinta série e seus pais sobre crescimento e desenvolvimento na puberdade. O conteúdo do que era apresentado e o desenrolar das sessões são muito menos importantes que as conversas a caminho de casa e aquelas que se seguem depois. Frequentemente, pais e filhos adolescentes precisam de um incentivo para iniciar essas conversas, e o livro de Lynda Madaras é um excelente ponto de partida para isso.

Para os adolescentes que o estiverem lendo agora, lembrem-se de que seus pais se sentem tão pouco à vontade como vocês (se não mais). Acreditem ou não, assim como vocês, eles também passaram pela puberdade. Perguntem a eles a respeito de suas experiências. Talvez aprendam algo, e se não aprenderem pensem nas informações embaraçosas que obterão sobre seus pais. Agora vocês podem se vingar deles por terem mostrado fotos de vocês como bebezinhos nus à sua primeira namorada.

Em suma, o livro de Lynda Madaras é um subsídio precioso para pais e adolescentes. Ambos poderão se beneficiar muito da leitura. É um dos clássicos livros que deixo sempre à mão para emprestar a pais ou adolescentes, sempre que se faz necessário ajudá-los a entender os problemas típicos dessa fase.

MARTIN ANDERSON
Médico, mestre em saúde pública
Diretor de Medicina Adolescente
Departamento de Pediatria da UCLA
Los Angeles, Califórnia

INTRODUÇÃO PARA OS PAIS
Por que escrevi este livro

QUASE NO FIM DO ANO LETIVO, dou a cada menino e menina de minhas aulas de educação sexual um ovo cru e uma lição de casa, que é mais ou menos assim:

Vamos participar de um jogo. Por uma semana, este ovo será seu bebê. Felizmente, não será necessário alimentá-lo, trocar as fraldas, trabalhar para sustentá-lo e lhe garantir um teto. Mas você vai precisar cuidar dele, ser responsável por ele. Isso significa que não vai poder deixá-lo sozinho, a menos que peça a alguém que olhe por ele enquanto você sair.

Mas vou lhe dar uma colher de chá: esse bebê tem idade suficiente para dormir a noite toda, ou seja, não acordará às duas ou três da manhã, berrando para ser amamentado – um hábito infeliz que a maioria dos bebês de verdade tem nos primeiros meses de vida.

Como eu disse, ele tem idade suficiente para dormir a noite toda, por isso, antes de você dormir, a única coisa que precisa fazer é lhe dar um beijo de boa noite e guardá-lo na geladeira. Não precisa se preocupar com ele de novo até a manhã seguinte. Mas, pela manhã, você precisa se lembrar de tirá-lo da geladeira e trazê-lo para a escola.

Quando você esquece de trazer o dinheiro para o lanche, a roupa de ginástica ou o livro de matemática, nada de terrível pode lhe acontecer, mas, se esquecer o bebê uma única vez, ele morrerá e você estará fora do jogo. E não é só isso, se um membro da Liga para o Bem-Estar da Criança encontrar algum bebê sem os devidos cuidados, o bebê-ovo será confiscado.

Eu sou a presidente da Liga para o Bem-Estar da Criança, e todos os funcionários, professores e alunos da escola são membros. Isso significa que vocês, pais e mães de bebês, fizeram um voto de proteger todos os bebês-ovo; e, como presidente, espero que todos sejam extremamente vigilantes e confisquem bebês que não estejam sendo bem tratados.

No fim de semana, levarei todos os bebês sobreviventes e seus pais para almoçar.

Boa sorte!

P.S.: Os pais de bebês confiscados não sairão para almoçar.

Os bebês-ovo de minhas aulas não se saem bem. A maioria morre de fraturas múltiplas logo após o nascimento. Alguns apodrecem. Outros simplesmente desaparecem na eternidade do tempo, resumida a uma semana. Outros ainda são confiscados pelos superzelosos membros juniores da Liga para o Bem-Estar da Criança.

Houve um ano em que um dos bebês até cometeu suicídio – pelo menos foi assim que o "pai" tentou explicar a morte de seu ovo. Parece que o bebê, "por conta própria", rolou da carteira no meio da aula de francês. O pai tentou argumentar que pais de bebês suicidas mereciam ser levados para almoçar. A classe, bastante alvoroçada, não aceitou.

Devo admitir que me divirto muito observando o que acontece na escola durante essa semana. Alguns meninos tentam convencer as meninas a cuidar de seus bebês, porque "cuidar de bebê é tarefa de mulher". Meu coração se enche de alegria quando vejo que essa tática não dá certo. Mas também há garotos que levam a tarefa muito a sério. Vejo os meninos no pátio, na hora do recreio, quatro ou cinco deles comendo juntos, com seus bebês-ovo descansando sobre um pano macio no centro da mesa. Conversam sobre os quase tombos e rachaduras dos quais seus bebês escaparam por pouco, parecendo uma verdadeira reunião de jovens mães que se encontram no parque, enquanto seus bebezinhos circulam de andador, e trocam ideias sobre os acidentes felizmente evitados.

Um ou dois dias após a tarefa ser passada, os bebês-ovo adquirem personalidade. Carinhas cuidadosamente desenhadas aparecem no rostinho que até então era branco, e os "pais e mães" dão nomes a eles. Criam engenhosos carrinhos e berços. Uma vez, um menino trouxe seu ovo à escola numa embalagem oval de meia-calça – uma "cápsula com suporte de vida", explicou o pai orgulhoso.

Sempre me surpreendo com o fato de que não só as crianças mais novas, mas também as mais crescidas – meninos e meninas – se envolvem no jogo e resolvem criar berços para seus bebês. A cena de um jovem de 15 anos, com porte atlético, marchando pelo colégio com seu bebê-ovo carinhosamente acomodado no berço feito de caixa de leite, nunca deixa de me encantar.

Essa tarefa é dada no fim do programa, quando os jovens, pelo menos os das classes mais adiantadas, têm de lidar com questões espinhosas como:

- idade em que podem começar a fazer sexo;
- como saber se estão prontos para isso;
- se é preciso esperar até se casarem;
- como dizer "não" aos apelos sexuais;
- uso de contraceptivos;
- eficiência dos contraceptivos;
- aborto;
- paternidade/maternidade;
- a sexualidade e a responsabilidade pela vida e pelos sentimentos alheios.

A ideia por trás dessa lição com o bebê-ovo é, claro, dar aos jovens uma noção da realidade e das responsabilidades envolvidas em ser pai/mãe. Suponho que, em sua essência, essa tarefa nada mais seja que uma antiquada lição moral, algo mais ou menos do tipo que minha avó costumava dar contando de crianças que, apesar de terem sido alertadas, foram patinar no gelo fino e se afogaram. Embora tivesse ouvido essas histórias muitas vezes, eu me aventurei em algumas lagoas com gelo fino e, de modo geral, os alertas nunca tiveram grande efeito sobre mim. Por isso, não sou tão ingênua a ponto de pensar que dar um ovo cru a um adolescente para que cuide dele durante uma semana vai fazer com que o jovem – em meio ao furor da paixão adolescente – não pense em sexo ou ao menos use contraceptivo. Mal, porém, a lição não faz. Afinal de contas, o que observamos em vários lugares é uma epidemia de gravidez entre adolescentes. Mais de um milhão de bebês nascem anualmente de mães adolescentes – isso significa uma em cada nove garotas de 15 a 19 anos, e uma em cada cinco sexualmente ativas. Diante de tais fatos, qualquer coisa – mesmo uma aventura louca como a tarefa do bebê-ovo – merece ser tentada.

Mesmo que essa lição de casa nunca impeça uma única gravidez adolescente, os jovens se divertem, e eu gosto de pensar que aprendem algo com isso.

Contudo, mais importante talvez seja o fato de que a cada ano aprendo, ou reaprendo, algo acerca das confusas contradições que os meninos enfrentam quando se aproximam da idade adulta.

Os garotos no pátio matraqueando sobre seus bebês e os jogadores de futebol que passam horas montando carinhosamente berços e carrinhos são os mesmos meninos que me procuram antes da aula, rindo e me empurrando livros de ficção adolescente bastante folheados, muito em moda ultimamente. "Leia isto, leia isto", insistem, abrindo nas páginas em que sublinharam "as partes boas".

Por muitos anos, eram as histórias de Nick Carter. Provavelmente você não sabe quem ele é. Eu mesma nunca tinha lido muito mais que "as partes boas" de nenhum livro de Nick Carter. Pelo que entendi, Nick é um tipo de detetive, espião internacional ou agente da CIA. Ele e seus companheiros heróis desse gênero específico de literatura são uns homens e tanto, se metem em tudo quanto é tipo de aventura e escapam por um triz de perigos. São agentes especiais. Dirigem a toda velocidade seus carros esportivos e vermelhos, que são muito caros. São todos versados em artes marciais secretas, que aplicam contra os bandidos e vilões de certa vertente mafiosa ou comunista. E, claro, graças à verdade, à justiça e ao *American way*, nossos heróis sempre triunfam no fim. Mas toda a intriga e a trama, um tanto confusa, nada mais são que uma capa, um disfarce, para esconder "as partes boas" – pois, na verdade, os livros do personagem Nick Carter e outros livros do gênero são sobre sexo.

Curiosamente, Nick e seus colegas personagens – pelo menos pelo que verifiquei em minhas esparsas leituras – raramente dão a iniciativa para os primeiros avanços sexuais. São sempre as mulheres que "dão em cima" deles (uma maneira bastante eficaz de evitar o velho problema do medo de rejeição).

As mulheres que Nick conhece não têm nada de tímidas ou reticentes: são extremamente lascivas. Nesses romances elas sempre rasgam a própria blusa e imploram ao herói que se sirva delas. O herói, que é um cavalheiro, concorda. Há sempre uma curiosa reticência vitoriana na ousadia dessas aventuras sexuais. É sempre a "masculinidade" do herói, seu "órgão", sua "rigidez" ou seu "membro" pulsante, que deslumbra as mulheres e sua "abertura molhada" – nunca são usados os termos mais clínicos, explícitos ou mundanos, como "pênis" e "vagina".

Essa ginástica sexual se estende por várias páginas. Como eu disse, Nick e seus companheiros são uns caras e tanto. Geralmente, os episódios terminam com as mulheres expressando gratidão pelo maravilhoso prazer proporcionado pelo nosso herói e declarando a ele amor eterno, embora, pelo que pude observar, as mulheres e o herói raramente se reencontrem – se é que se reencontram.

Não gosto de jogar água fria no entusiasmo de ninguém, mas, quando os meninos em minhas aulas me pedem para ler as partes sublinhadas desses livros, deduzo que estão esperando algum tipo de reação, que querem saber o que eu acho daquilo. Eu lhes digo. Faço o possível para não ser sarcástica – não seria nem um pouco apropriado. Explico que nem minha vida sexual nem a de nenhuma pessoa que conheço no planeta segue aquele tipo de aventura. Conversamos sobre o que é irreal nos encontros sexuais na vida de Nick e por que o autor retrata aquilo daquela forma. Falamos sobre os medos na vida real e sobre a incerteza que a maioria das pessoas tem em relação a sexo, sexualidade, sentimentos e emoções envolvidos no relacionamento sexual com outra pessoa. Do ponto de vista educacional, o velho Nick dá muito pano para a manga.

O que quero abordar aqui é que essa cultura traz alguns problemas delicados para os garotos que estão entrando no caminho para se tornarem homens. Por um lado, eles têm um lado terno, carinhoso – o lado que vejo quando estão "brincando de boneca" com os bebês-ovo. Por outro, deparam-se com essas imagens inspiradoras da sexualidade masculina do sujeito conquistador, durão, que não dá muito espaço para a ternura. Deve ser realmente difícil conciliar o ato de fazer um berço para o bebê-ovo com as sagas de Nick Carter. Deve ser complicado para um menino lidar com isso; o que sem dúvida explica grande parte da ansiedade adolescente masculina. Claro que isso não é nenhuma novidade. Todos nós sabemos que, na infância, os meninos têm muito espaço, ou permissão social, para demonstrar e agir de acordo com seu lado carinhoso. Mas, na adolescência, adentram no estranho mundo da vida adulta masculina, em que – se acreditarmos em Nick – os "verdadeiros homens" não são conhecidos por ser ternos. Pelo contrário, não choram nem se sentem inseguros sobre si ou sobre o que devem fazer, sempre sabem tudo e têm total segurança quando o assunto é sexo e experiência de vida.

E ainda por cima, quando estão passando da infância para o confuso mundo adulto, todas essas estranhas mudanças começam a acontecer com seu corpo. E definitivamente ninguém parece disposto a explicá-las, exceto de maneira muito superficial. Na verdade, a mensagem que os meninos recebem é a de que, de uma forma ou de outra, deveriam *saber* essas coisas, pois uma das principais premissas da mística masculina é que os homens – ou pelos menos os "verdadeiros homens" – sabem automaticamente tudo sobre sexo.

A maioria das garotas em minhas aulas teve pelo menos uma "conversa" tensa e embaraçosa com os pais (geralmente com a mãe) a respeito da menstruação, o grande marco da puberdade feminina. Mas são pouquíssimos os meninos cujos pais (mãe ou pai) conversaram com eles sobre ejaculação, o grande marco da puberdade masculina, ou sobre ereções espontâneas, masturbação, sonhos molhados ou quaisquer outras realidades físicas da puberdade masculina. Nossa cultura parece crer que é importante falar com nossas filhas acerca da puberdade, mas não tanto com nossos filhos.

Claro que é muito mais fácil ignorar a "entrada na maioridade" dos garotos que ignorar essa fase na vida das meninas. A primeira menstruação requer um mínimo de reação parental. Alguém precisa lhe comprar absorventes e dizer como devem ser usados e descartados. Quando um menino ejacula pela primeira vez, não precisamos correr até uma farmácia nem nos preocupar com vasos sanitários entupidos.

Há também o fato de que, quando começam a menstruar, as meninas podem engravidar. Só isso já convence muitos pais de que é preciso ter um mínimo de conversa sobre as mudanças sexuais ocorridas. (Entretanto, as meninas não engravidam sozinhas. Como dizia minha mãe, "para dançar o tango, é preciso um par" – embora ela não estivesse mesmo pensando em dançar ao fazer esse comentário.)

Ou talvez seja apenas a velha mística masculina, a crença de que os meninos automaticamente sabem tudo que precisam a respeito de sexo. Poucos pais percebem que os filhos não compreendem, como que por um passe de mágica, o que está acontecendo com seu corpo sem que alguém lhes diga. Para muitos pais, a puberdade não é "nada demais" para os garotos. Predomina em nossa cultura a ideia de que só as garotas ficam envergonhadas, ansiosas e preocupadas com as mudanças físicas da puberdade.

Ninguém jamais me provou isso. Recebo centenas de cartas de meninos que leram meus livros, com o envelope cheio de apelos: "Socorro!", "Urgente!", "Abra imediatamente!", "Por favor! Por favor! Responda imediatamente!!!" Dentro, encontro cinco páginas de texto com diagramas complicados e explicações extensas de algum calombo, caroço ou qualquer anormalidade imaginada que está enchendo algum menino de preocupação. (O volume de cartas de garotos muito novos é quase igual ao das meninas.)

Nas aulas, fazemos um jogo que se chama "Tudo que você sempre quis saber sobre sexo e puberdade, mas tinha vergonha de perguntar". Consiste no uso de uma caixa de perguntas que fica trancada, na qual todos os alunos podem colocar perguntas anônimas. No fim de cada aula, abro a caixa, leio em voz alta as perguntas acumuladas durante a semana e as respondo da melhor maneira possível. As perguntas vêm escritas com letras de forma (para disfarçar), e o papel é dobrado cerca de dez vezes. Afinal, o assunto é embaraçoso.

A julgar pelas perguntas, os meninos são tão curiosos quanto as meninas a respeito do que está acontecendo com o corpo deles. Para cada pergunta sobre menstruação ou desenvolvimento dos seios, há uma sobre sonhos molhados, ejaculação ou crescimento de pelos, do tipo: "Quanto sai daquela coisa branca quando um homem goza?" e "Quando é que vou ter barba e ficar parecido com meu pai?" Eis um exemplo:

Estou ficando com bigode. Não é grande, é fininho. Mas como é que pode, se só tenho 11 anos? Ainda nem estou na puberdade.

A pergunta é simples, mas o que está por trás dela não é. Esse garoto estava preocupado porque começavam a surgir pelos acima do lábio superior, mas ele "não estava na puberdade" – o que ele quis dizer é que não havia ejaculado ainda. De modo geral, os pelos na face só aparecem quando os órgãos sexuais estão relativamente desenvolvidos e o garoto já começou a produzir esperma (e espermatozoides) nos testículos; é quando está pronto para ejacular. Mas cada um se desenvolve de uma maneira diferente, própria, e embora seja *incomum* ter bigode antes dessas mudanças, não é *anormal*. Esse garoto, como a maioria da idade dele, está apenas precisando de uma confirmação de que aquilo que estava acontecendo era completamente normal. Nao custa nada perguntar.

Muitos pais deixam seus filhos à deriva nessa fase tão importante da vida. Um fator que contribui para essa falha na comunicação a respeito das mudanças físicas da puberdade é, sem dúvida, a ignorância. A maioria dos pais não recebeu informação do próprio pai. Esses homens não possuem um acervo de conhecimentos para passar aos filhos. Embora tenham uma ideia geral do que acontece na puberdade – pois já passaram por ela –, é raro o pai que consegue explicar ao filho exatamente por que ele terá sonhos molhados ou em que idade terá sua primeira ejaculação. As mães são ainda mais perdidas nesse assunto. Elas podem até se sentir relativamente seguras para conversar com as filhas sobre menstruação; afinal, já menstruam há bastante tempo. Mas quanto a ereções espontâneas, sonhos molhados e outros temas, não têm a menor ideia do que falar.

Outro fator importante na falha por parte dos pais em conversar com o filho sobre as mudanças físicas na puberdade é o embaraço. Sexualidade é um tema difícil, quando não impossível, para muitos deles. E mesmo os que se sentem mais ou menos à vontade com o assunto podem achar alguns temas constrangedores. Masturbação, por exemplo. É muito difícil conversar com um menino sobre puberdade sem mencionar a masturbação. Mais de 90% dos meninos se masturbam durante essa fase. Porém, trata-se de um tema delicado, e a maioria das pessoas se sente um pouco acanhada para falar sobre isso. Como começar o assunto? O que dizer? "E aí, filho, você tem se masturbado ultimamente?"

Como você deve imaginar, estou chegando ao motivo pelo qual escrevi esta introdução. O propósito deste livro obviamente é fornecer informações básicas que os meninos desejam e precisam sobre o que acontece com o corpo deles na puberdade – informações que nós, pais, nem sempre somos capazes de lhes dar. Assim, espero que este livro ajude pais e filhos a ultrapassar a "barreira da vergonha". Imagino que o ideal seja que pai e mãe se sentem e leiam o livro com os filhos. De alguma forma, ver os fatos impressos diminui o desconforto – é outra pessoa que está falando, não você; você está apenas lendo as informações.

Claro que não é necessário que ambos os pais leiam o livro com o filho. Um dos dois pode optar por isso, ou talvez você prefira simplesmente lhe entregar para que leia sozinho. Costumo ouvir pais dizendo que compraram livros com a intenção de ler com os filhos, mas, quando menos esperavam, a criança já o havia encontrado pela casa e lido metade dele.

Lendo-o juntos ou separadamente, espero que encontre um modo de conversar com seu filho a respeito das mudanças que estão ocorrendo – ou logo ocorrerão – no corpo dele. As crianças costumam ter preocupações bastante específicas e detalhadas com relação a essas mudanças. Meninos e meninas precisam da certeza de que o que está acontecendo com seu corpo é perfeitamente normal. Posso dizer que tais jovens são imensamente gratos por essa certeza que lhes damos. Na verdade, já tive aulas em que os jovens aplaudiram espontaneamente quando entrei na sala. Também tenho gavetas cheias de cartas emocionantes de leitores me agradecendo pelo alívio que lhes proporcionei sanando parte de seus temores ou dúvidas.

Esses jovens não apenas são gratos quando suas necessidades de segurança são atendidas dessa maneira, mas também desenvolvem profundo respeito e confiança na fonte de tal segurança. Os pais precisam perceber o vínculo poderoso que podem criar com seus filhos se estiverem "presentes" na puberdade – isso sem mencionar que a confiança e o respeito serão benéficos para todos os envolvidos nos próximos anos, quando seu filho tiver de tomar decisões que envolvam sexo. Se você estiver presente quando ele tiver dúvidas, a probabilidade de ele procurar seus conselhos nos momentos de decisão é maior.

Tendo dito tudo isso, também quero alertar os leitores de que, mesmo depois de seu filho ter lido este livro, as conversas sobre as mudanças na puberdade nem sempre serão muito fáceis. Se você lhe fizer uma pergunta direta, do tipo: "O que você achou do livro?" ou "Você gostaria de falar alguma coisa sobre o livro?", é possível que ouça dele um comentário crítico apurado, ou uma série de perguntas abertas e francas. O mais provável, porém, é que ouça algo mais ou menos como "É legal", ou "Não, não há nada nele que eu queira saber", ou "Não quero falar desse negócio".

Minha experiência me mostra que é melhor seguir uma abordagem um pouco diferente. Comece dizendo algo como:

"Puxa, quando tinha a sua idade, eu _____." (Complete a lacuna: "notei meus primeiros pelos púbicos", "tive meu primeiro sonho molhado", "ejaculei pela primeira vez", ou qualquer outra coisa.)

"Fiquei muito _____." ("nervoso", "animado", "orgulhoso", "envergonhado", "assustado", ou qualquer coisa)

"Aliás, o que aconteceu comigo foi que _____." (De novo, complete a lacuna com uma história de sua adolescência; quanto mais vergonhosa ou estúpida a história, melhor.)

Se usar essa abordagem, você facilitará as coisas para seu filho se abrir. Em virtude da história embaraçosa ou boba que você contou sobre si mesmo, ficou claro para ele que não há problema em não saber com certeza tudo sobre tudo. Em minhas aulas pelo menos os meninos parecem se abrir quando lhes digo coisas como:

Lembro o dia em que apostei minha mesada com minha melhor amiga, Georgia, que o modo como os bebês nasciam era o seguinte: o homem beijava a mulher; uma semente subia da barriga dela até a garganta, passava para a boca e depois descia pela garganta de novo, chegando à barriga; e nove meses depois nascia um bebê, que saía pelo umbigo. Perdi toda a minha mesada.

Em outra ocasião, meu irmão estava concorrendo para presidente da classe e precisava dar um discurso no auditório do colégio, diante de todos. Ele teve uma ereção espontânea e não sabia se as pessoas estavam rindo das piadas no discurso ou do fato de ele estar excitado daquele jeito.

Você entendeu a ideia.

Veja outra pérola de sabedoria: evite ter uma única conversa que serve para tudo. Não servirá para nada, por mais que você tente. É melhor abordar as questões de maneira casual, mencionando o assunto de vez em quando, na ocasião em que parecer natural. Quando comecei a entrar na puberdade, minha mãe se sentou comigo um dia para ter "A conversa". Tenho certeza de que ela me explicou as coisas de maneira detalhada, mas só me lembro dela extremamente nervosa, dizendo uma porção de coisas sobre bebês e sangue e que, quando aquilo acontecesse comigo, eu poderia procurar na última gaveta da penteadeira dela alguns guardanapos. Fiquei imaginando por que esses guardanapos estariam numa gaveta da penteadeira e não no armário da cozinha, onde ficavam normalmente; mas aquele não me pareceu um bom momento para perguntar. Por experiência própria, sei que uma conversa casual com seu filho sobre puberdade é muito melhor.

Mais um conselho: se achar que uma conversa sobre puberdade e sexualidade é difícil ou embaraçosa para você, explique isso. Não há nada de errado em dizer a seu filho: "Isso é muito difícil para mim", ou "Meus pais nunca conversaram comigo sobre essas coisas, por isso me sinto meio estranho em falar com você", ou qualquer coisa assim. Ele vai perceber seu embaraço, de uma forma ou de outra, no seu tom de voz, nos seus gestos, ou em qualquer outro modo de você comunicar o que está sentindo. Se você tentar fingir que está à vontade, vai confundi-lo. Se for honesto com seus próprios sentimentos, tudo ficará bem mais claro. Seu filho poderá ter uma atitude irritante de sabichão ou se solidarizar, mas no fim é preferível isso a fazer o garoto pensar que o assunto em si é embaraçoso, e que não é certo falar sobre ele.

Este livro foi escrito para meninos de 9 a 15 anos, embora também sirva aos mais jovens. Espero que você o releia várias vezes com seu filho, quando ele estiver um pouco mais velho também, ou que o deixe sempre à mão para servir como referência. O que uma criança de 8 ou 9 anos apreende do livro será diferente de um rapaz de 13 ou 14 anos. Por exemplo, os capítulos 6 e 7 abordam ereções espontâneas, ejaculações, sonhos molhados e masturbação. Tenho observado que meninos de 9 ou 10 anos têm grande curiosidade sobre esses assuntos, embora talvez só venham a ter o primeiro sonho molhado e a primeira ejaculação aos 13, 14 anos, ou até mais velhos. Na verdade, garotos mais novos se sentem mais à vontade e abertos para falar desses assuntos do que serão em idade posterior, quando passarem pela experiência. Com 9 ou 10 anos, um menino pode ler esses capítulos e compreendê-los de determinada maneira. Mas com 13 ou 14, quando essas coisas forem muito mais reais e imediatas, as informações terão um significado diferente. É importante que um garoto esteja preparado para as mudanças aqui descritas antes que elas aconteçam, mas também é importante que ele possa consultar o livro novamente e reler a informação após as mudanças começarem.

Como mãe ou pai, você pode sentir certa preocupação com parte do material apresentado aqui. Alguns temas são muito controversos. Quando surge esse tipo de questão em aula, tento ser objetiva, mas às vezes meu ponto de vista transparece. Por exemplo, quando falo de masturbação, explico que algumas pessoas a consideram errada ou pecaminosa, que deve ser evitada, e converso sobre o motivo pelo qual se pensa assim. Mas, na verdade, sinto que a masturbação é um ato perfeitamente bom e normal, e tenho certeza de que isso se revela em meus textos escritos. Você pode ter opiniões diferentes acerca da masturbação ou de alguns outros temas, mas isso não significa que tem de jogar o bebê fora com a água do banho. Em vez disso, pode usar essas diferenças como uma oportunidade para explicar e elucidar seus valores e atitudes a seu filho.

Independentemente do modo como você resolver lidar com as questões da puberdade e da sexualidade, ou de como usar este livro, espero que ele ajude você e seu filho a compreender melhor o processo da puberdade e que os aproxime mais.

1
PUBERDADE

Foi muito legal. Lembro-me de ter pensado: *Não sou mais criança*. Gostei muito!

— JOHN, 26

Era estranho. Eu me sentia cansado o tempo todo e dormia muito. Não sabia bem o que estava acontecendo comigo.

— BILL, 19

As pessoas falam como se fosse um grande evento, dramático, que chega um dia sem avisar. Não é assim. Não é como se alguém chegasse até você e dissesse: "É isso aí, garoto. Agora é a sua vez".

— JACKSON, 33

Parecia que eu havia acordado numa manhã e tudo estava diferente. Eu era uma pessoa diferente num corpo diferente.

— SAM, 35

Todos esses homens estão todos falando da mesma coisa: *puberdade* – momento da vida em que o corpo de uma criança se transforma no corpo de um adulto.

Como você vê na Figura 1, o corpo de um garoto muda bastante no decorrer da puberdade. O *pênis* e o *escroto* – o saco de pele atrás do pênis – crescem e se desenvolvem. Aparecem pelos em lugares onde não existiam – ao redor do pênis, nas axilas e no rosto.

O garoto fica mais alto também. É claro que, no decorrer da infância, todos nós crescemos. Mas, durante a puberdade, a altura de um jovem aumenta em um ritmo mais rápido, que só acontece nessa fase da vida. Nesse estirão de crescimento, ele pode ganhar cerca de dez centímetros ou mais em um ano. A forma do corpo também muda. Os ombros ficam mais largos e os quadris, mais estreitos, comparativamente. Os músculos se desenvolvem e o menino fica mais forte. Todo o corpo começa a parecer mais "másculo".

Essas são apenas algumas das mudanças externas no corpo masculino durante a puberdade. Enquanto ocorrem do lado de fora, outras mudanças já estão acontecendo por dentro. Para alguns garotos, a puberdade parece durar para sempre. Para outros, as mudanças são tão rápidas que parecem acontecer da noite para o dia. Na verdade, elas não são tão rápidas assim. A puberdade é lenta e gradual, estendendo-se por um período de vários meses e anos. As

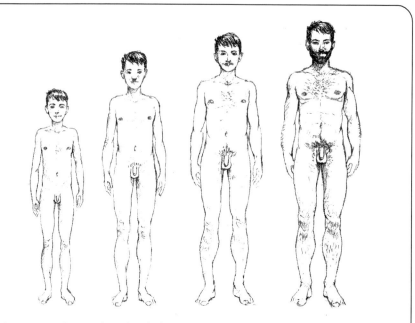

Figura 1. Mudanças da puberdade no corpo masculino. Quando passam pela puberdade, os meninos ficam mais altos, os ombros se alargam, o corpo fica mais musculoso, os órgãos sexuais se desenvolvem e os pelos púbicos começam a aparecer, bem como pelos nas axilas, no rosto, no peito, nos braços e nas pernas.

primeiras mudanças podem ocorrer quando o rapaz ainda é muito novo ou quando já estiver na pré-adolescência. Qualquer que seja sua idade quando você entrar na puberdade, com certeza terá muitas perguntas a respeito do que acontece com seu corpo. Espero que este livro lhe traga as respostas.

Dou aulas sobre puberdade para jovens, adolescentes e pais. Eu e minha filha, Area, também ministramos *workshops* sobre o tema. Neles, homens e garotos, assim como os meus alunos nas aulas, sempre fazem muitas perguntas, além de terem muito a dizer sobre o assunto. Os depoimentos dessas pessoas aparecem neste livro,* por isso elas de certa forma me ajudaram a escrevê-lo.

Comecei a falar sobre puberdade e sexualidade quando os dinossauros ainda caminhavam pela terra (bem, na verdade, não foi há tanto tempo assim). Naquela época, educação sexual não era ensinada em muitas escolas. Precisei inventar minhas aulas, do zero. Decidi, na primeira aula, explicar como são gerados os bebês. Parecia um bom começo. Afinal de contas, na puberdade o corpo se prepara para o momento em sua vida que talvez você queira ser pai, ou seja, fazer um bebê.

Não achei que teria problemas para ensinar isso na primeira aula. *Nada de mais*, disse a mim mesma. *Vou entrar e começar falando com os pré-adolescentes sobre como são feitos os bebês. Sem problemas.*

Puxa, como eu me enganei! Mal comecei a falar, e a classe inteira ficou enlouquecida. A criançada ria, cutucavam uns aos outros, ficavam corados. Um garoto até caiu da cadeira.

A classe estava agindo de modo estranho porque, para falar de como são gerados os bebês, eu teria de falar de sexo. E como você deve ter notado, sexo é um *assunto poderoso*. As pessoas costumam ficar envergonhadas, com um sorriso sem graça, ou estranhas quando o assunto é esse.

SEXO

A própria palavra "sexo" confunde. Apesar de pequena, tem muitos significados. O mais elementar é simplesmente uma referência à diferença entre o corpo do homem e o da mulher. E há muitas diferenças entre eles. A mais óbvia é que os homens têm *pênis* e *escroto*, e as mulheres têm *vulva* e *vagina*. Essas partes do corpo, ou órgãos, são chamadas de órgãos sexuais. As pessoas têm órgãos masculinos ou femininos e são de um sexo ou outro.

---

* Por questão de privacidade, os nomes são fictícios.

A palavra "sexo" também é usada em outros sentidos. Podemos dizer que duas pessoas estão "fazendo sexo" (na gíria, "transando"). Isso significa que estão tendo *relação sexual*. Como explicaremos mais adiante neste capítulo, a relação sexual envolve a união dos órgãos sexuais de duas pessoas. É por meio da relação entre homem e mulher que os bebês são gerados.

Nossos órgãos sexuais são partes íntimas de nosso corpo. Geralmente as deixamos cobertas. Não falamos muito delas em público. Sentir atração sexual, ou ter relação sexual com alguém também não são temas da sala de aula.

Se eu tivesse pensado melhor, teria tomado cuidado antes da minha primeira aula. Teria percebido que, se eu entrasse na sala de aula falando de sexo, pênis e vagina, causaria *grande* comoção.

Depois daquela primeira aula, aprendi rápido. Decidi que se tivéssemos de agir tolamente, com risinhos e piadas, poderíamos fazer tudo isso com estilo, pelo menos. Agora, começo minhas aulas e *workshops* distribuindo cópias dos desenhos da Figura 2. Também entrego aos participantes lápis vermelhos e azuis.

A Figura 2 mostra os órgãos sexuais do lado externo do corpo de um homem e de uma mulher adultos. Eles também são chamados de *genitais* ou *reprodutores*. Temos órgãos sexuais tanto do lado externo quanto interno do corpo. Eles mudam quando entramos na puberdade.

OS ÓRGÃOS SEXUAIS MASCULINOS

Quando todos já estão com as figuras e com os lápis coloridos, aponto para a dos órgãos sexuais masculinos. Digo à classe que os órgãos sexuais externos do homem são o *pênis* e o *escroto*. A garotada nas aulas ainda ri feito doida e cai da cadeira de vergonha, mas não presto muita atenção nisso. Usando minha linda voz de tia do jardim da infância, digo: "O pênis tem duas partes: a *haste* e a *glande*. Pintem na figura a haste do pênis com listras azuis e vermelhas". Aí, todo mundo se empenha em colorir. Alguns ainda estão rindo, mas começam o trabalho. Por que você, leitor, não faz a mesma coisa com a imagem neste livro? (A menos que seja um livro da biblioteca. Uma pessoa que admiramos muito é uma bibliotecária chamada Lou Ann Sobieski. Estaríamos metidos em uma encrenca danada se ela pensasse que mandamos a garotada pintar livros de uma biblioteca. Se este livro não for seu, faça uma cópia para colorir.)

Em seguida, peço aos alunos que localizem uma abertura na ponta do pênis e a circundem de vermelho. Essa é a *abertura urinária*. É por onde a *urina*

PUBERDADE | 29

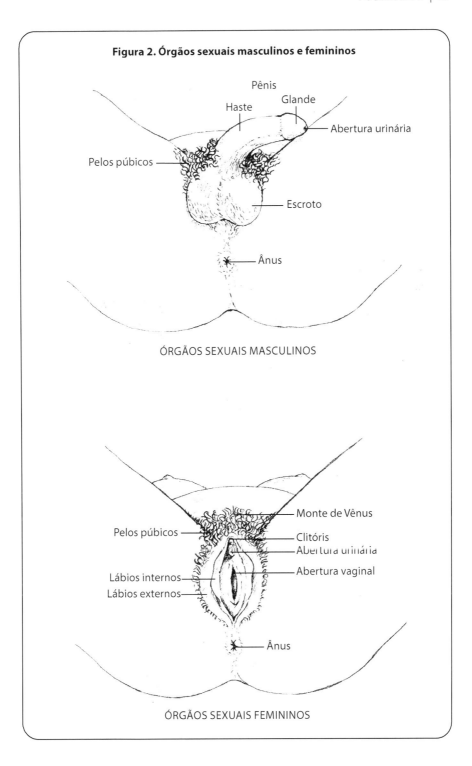

Figura 2. Órgãos sexuais masculinos e femininos

ÓRGÃOS SEXUAIS MASCULINOS

ÓRGÃOS SEXUAIS FEMININOS

sai do corpo. Geralmente, nesse ponto da aula há menos risos. A abertura urinária é pequena. A classe tem de prestar mais atenção ao colorido.

Depois, colorimos a haste em si. Sugiro azul, mas você pode usar a cor que quiser.

"Bolinhas azuis e vermelhas para o escroto", digo em seguida aos alunos. O escroto é uma bolsa de pele que fica abaixo do pênis. Também podemos chamá-lo de *bolsa escrotal*. Dentro do escroto há dois órgãos de formato oval chamados *testículos*. (A Figura 2 não mostra os testículos. Falaremos deles daqui a pouco.)

Depois, explico que os pelos enrolados nos órgãos sexuais são pelos *púbicos*. Peço aos alunos que os pintem também.

Por fim, chegamos ao *ânus*. É a abertura através da qual as *fezes* saem do corpo. O ânus não é um órgão reprodutor, mas fica perto deles, por isso podem colori-los também.

Quando a classe termina de pintar todas as diversas partes, digo a palavra "pênis" em voz alta umas vinte vezes. Todos estão acostumados comigo dizendo essa e outras palavras que não costumam ser ditas na sala de aula. Meus alunos não precisam mais enlouquecer cada vez que eu usar tais termos. Além disso, as imagens parecem engraçadas. Todos riem. O riso ajuda você a lidar com o embaraço ou com o nervosismo.

Há outro motivo para eu pedir aos alunos que pintem os desenhos. Isso os ajuda a se lembrar dos nomes dos órgãos. Se você só olhar os desenhos, os nomes das partes podem não ficar gravados na memória. Se você passar algum tempo colorindo os órgãos, terá de prestar atenção. São partes importantes do corpo. Vale a pena fazer um esforço para aprender o nome delas.

Enquanto todos estão colorindo, falamos a respeito das gírias. As pessoas nem sempre usam os termos médicos para essas partes do corpo, às vezes usam gírias.

Os meninos na última fileira da minha primeira aula sobre puberdade eram verdadeiros dicionários ambulantes de gíria. Sempre que eu dizia "pênis" ou "vagina" em voz alta, seus cérebros zuniam. Era demais para eles guardarem aquilo para si mesmos. Espichando-se para fora das cadeiras, eles agitavam os braços, brincavam de dar socos uns nos outros. Animados, sussurravam e assobiavam essas gírias ou palavrões entre si.

No fim, a emoção de dizer essas palavras "feias" atingia o apogeu. Toda a fileira do fundo explodia em risadas. Alguns chegavam a rolar no chão. Logo,

CIRCUNCISÃO

A Figura 2 mostra um pênis *circuncidado*. Trata-se de uma operação que remove o *prepúcio* do pênis. O prepúcio é a parte da pele que cobre o pênis. A operação costuma ser feita quando o bebê tem apenas alguns dias de vida.

Grande parte dos homens é circuncidada, mas há muitos que não são. Se um menino não é circuncidado, o prepúcio cobre a maior parte da glande.

Quando um garoto nasce, o prepúcio e a glande costumam vir grudados. Cedo ou tarde, acabam se soltando. Quando se torna adulto, ou até antes, o menino consegue puxar o prepúcio. Isso significa que é capaz de puxá-lo sobre a haste do pênis, como mostra a Figura 3.

Talvez você não entenda por que as pessoas circuncidam seus filhos e tenha algumas dúvidas quanto a isso. Nesse caso, encontrará mais informações sobre o assunto no capítulo 3.

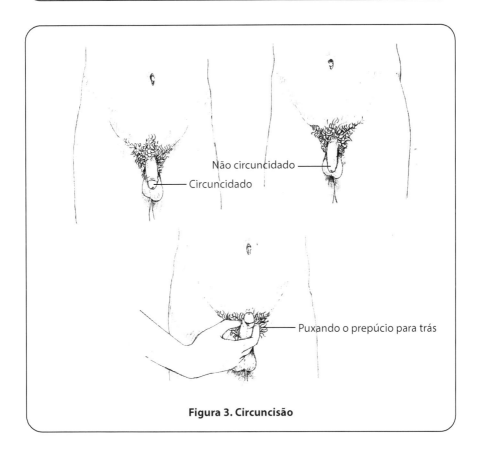

Figura 3. Circuncisão

a turma toda estava totalmente fora de controle. *Talvez*, pensei, *eu não sirva para esse tipo de trabalho.*

Quase desisti de dar aulas sobre puberdade naquele momento, mas tive um súbito lampejo. Virei-me para a lousa e comecei a escrever uma lista de todas as gírias que voavam pela sala de aula. Incentivei a classe a aprimorar a lista. Logo o quadro estava coberto de gírias, e a turma estava calma o suficiente para prosseguirmos com a aula.

Não sei muito bem como isso funciona, mas, com o passar dos anos, percebi que funciona, sim. O melhor modo de impedir que essas palavras acabem com a aula é torná-las expostas. Assim, enquanto estamos colorindo, os jovens dizem as palavras em voz alta e eu as escrevo no quadro.

> ## ALGUMAS GÍRIAS PARA PÊNIS E TESTÍCULOS
>
> pau, pinto, saco, bolas, bagos...

Com a lista na lousa, a classe conversa sobre esses termos. Discutimos quais palavras usaríamos com um amigo, com um médico ou com nossa mãe. Também falamos das reações das pessoas a essas gírias. Algumas delas não as aceitam. Podem ficar aborrecidas se as ouvirem. Você pode ou não se importar se alguém fica chateado com isso, mas lembre-se sempre de que muitas pessoas acham esse tipo de gíria ofensivo.

OS ÓRGÃOS SEXUAIS FEMININOS

Quando todos terminam de colorir os órgãos sexuais masculinos, fazem o mesmo com os femininos. Os órgãos sexuais no exterior do corpo da mulher são chamados de *vulva*. A vulva tem várias partes. A superior é uma parte macia de tecido gorduroso chamada de *monte* (ou monte de Vênus). Na mulher adulta, o monte é coberto por *pelos púbicos* enrolados. Digo à classe para colorir o monte e os pelos púbicos de vermelho.

Em seguida, vamos para a parte inferior do monte. Ela se divide em duas dobras de pele chamadas de *lábios externos*. Sugiro bolinhas azuis para os lábios externos. Entre os lábios externos existem os dois *lábios internos*. Você pode fazer listras vermelhas neles.

Os lábios internos se juntam na parte superior. As dobras de pele em que os lábios se juntam formam uma espécie de capuz. Na Figura 2, você poderá ver a ponta do *clitóris* se projetando por baixo desse capuz. O resto do clitóris fica sob a pele e não pode ser visto. Pinte de azul a ponta do clitóris.

Bem abaixo do clitóris está a *abertura urinária*. É por onde a urina sai do corpo. Peço à classe que circunde essa área de vermelho.

Abaixo da abertura urinária se encontra a *abertura vaginal*, que leva até a vagina, dentro do corpo. A vagina liga a parte externa do corpo feminino a seus órgãos sexuais internos. Sugiro que os alunos circundem a abertura vaginal de azul. (Costuma-se usar a palavra "vagina" quando se deveria dizer *vulva*. A vagina é dentro do corpo. Vulva é o termo correto para os órgãos sexuais do lado externo do corpo feminino.)

Por fim, chegamos ao *ânus*. Para colori-lo, use a cor que você preferir.

Enquanto os alunos estão colorindo os órgãos genitais femininos, fazemos agora uma lista de gírias para essas partes do corpo.

ALGUMAS GÍRIAS PARA CLITÓRIS, VULVA E VAGINA

grelo, perereca, xoxota, chana...

Após colorirem os órgãos sexuais e terem feito uma lista de gírias, todos já riram o suficiente para liberar a energia nervosa e o embaraço. Agora também já têm uma boa ideia de onde essas partes se localizam no corpo. Isso os ajuda a compreender como os bebês são gerados.

RELAÇÕES SEXUAIS

Uma relação sexual entre um homem e uma mulher pode gerar um bebê. Na relação sexual entre os dois, o pênis penetra na vagina. Quando digo isso aos meus alunos, eles sempre fazem duas perguntas logo de cara. Primeiro, querem saber *como* o pênis pode penetrar na vagina.

Começo a explicação falando sobre as *ereções*. Às vezes, o pênis endurece e se ergue enrijecido. (Ver Figura 4.) Chamamos isso de *ter uma ereção*. Homens de todas as idades, mesmo quando bebês, têm ereções. Pode ocorrer quando um homem tem sensações sexuais e também em outros momentos.

Na ereção, o tecido no interior do pênis se enche de sangue. Esse tecido tem milhões de minúsculos espaços. Geralmente, os espaços são vazios e o pênis é mole, não erguido. Durante a ereção, esses espaços se enchem de tanto sangue que o tecido fica rígido e duro. O pênis incha, fica ereto e se ergue do corpo. Popularmente, algumas pessoas dizem "ficar duro", ou "ficar com o pau duro". O pênis pode ficar tão duro que parece que tem um osso dentro dele. É claro que não há osso algum ali; trata-se apenas de tecido cheio de sangue.

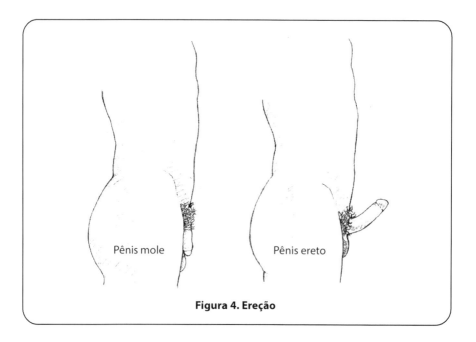

Figura 4. Ereção

Se um casal deseja ter relação sexual, os dois podem se aproximar a ponto de o pênis conseguir entrar na vagina. Os dois indivíduos pressionam o corpo um contra o outro e se mexem de modo que o pênis entre na vagina e lá se mova, gerando prazer sexual.

Você pode achar que é difícil o pênis penetrar no órgão sexual feminino. Afinal de contas, a abertura vaginal não é muito grande. Entretanto, ela é muito elástica e pode se esticar até ficar de um tamanho muito maior do que o normal. Na verdade, é tão elástica que, quando a mulher dá à luz, se expande a ponto de permitir a saída do bebê.

A vagina é um tubo de músculo mole, maleável. Normalmente, é como um balão vazio. Ela é colapsada pelas paredes internas, que se tocam. Quando o pênis ereto entra nela, força as paredes vaginais e as separa. Essas paredes, macias e maleáveis, encobrem o pênis, formando um encaixe perfeito. Quando está sexualmente excitado, o homem produz uma ou duas gotas de fluido a partir da ponta do pênis ereto. Também há fluido nas paredes vaginais quando a mulher está sexualmente excitada. Essa "umidade" ajuda o pênis a entrar de maneira confortável na vagina. Quando os alunos por fim compreendem *como* os homens e as mulheres têm relações sexuais, a pergunta seguinte é *por quê*.

As pessoas têm relações sexuais (transam) por vários motivos. Trata-se de uma maneira especial de se aproximar de outra pessoa. Pode ser também uma sensação muito agradável. Alguns de meus jovens alunos acham difícil acreditar nisso. Mas os órgãos sexuais têm muitas terminações nervosas. Essas terminações nervosas enviam mensagens a centros de prazer em nosso cérebro. O toque nessas partes do corpo, ou o ato de esfregar essas partes da maneira adequada, pode nos proporcionar sensações boas no corpo todo. Outro motivo por que homens e mulheres têm relações sexuais é para gerar um bebê. Mas os bebês não começam a crescer sempre que um homem e uma mulher têm relações, só às vezes.

FAZENDO BEBÊS

Para fazer um bebê, um *óvulo* da mulher e um *espermatozoide* do homem devem se unir. Isso pode acontecer como resultado de uma relação sexual.

Às vezes, o óvulo é chamado simplesmente de "ovo", enquanto o espermatozoide é chamado de "semente". Esses termos confundem alguns meninos e meninas nas minhas aulas. Para eles, sementes são coisas que plantamos no chão para germinar flores ou vegetais. E ovos são botados pelas galinhas. Mas um óvulo e um espermatozoide não são como esse tipo de ovo e semente.

Para começar, um óvulo é muito menor que os ovos que comemos. Na verdade, é muito menor que o menor ponto que você possa fazer com a ponta do menor de todos os lápis. Um espermatozoide é menor ainda.

Pense no espermatozoide como metade de uma semente e num óvulo como a outra metade. Quando as duas metades se encontram, um bebê humano começa a se desenvolver. Na verdade, o espermatozoide e o óvulo são células. Nosso corpo é feito de bilhões de células. Há muitos tipos diferentes delas. Mas o óvulo e o espermatozoide são as únicas espécies de células que se juntam para dar origem a uma célula única. A partir dela é que se forma o bebê.

Espermatozoides, esperma e ejaculação

O esperma – que contém os espermatozoides – é o líquido fecundante produzido nos testículos, os dois órgãos em formato oval dentro do escroto. Os espermatozoides são armazenados em tubos ocos chamados de *canais deferentes*. Os testículos de um menino começam a produzir esperma (e espermatozoides) na puberdade. Normalmente, essa produção continua por toda a vida.

Durante o sexo, o homem pode *ejacular*. Ao longo da ejaculação, os músculos nos órgãos sexuais se contraem. Essas contrações bombeiam esperma para a parte principal do corpo. Ali, ele se mistura com outros fluidos. Essa mistura é um fluido cremoso, branco, chamado *sêmen*. As contrações musculares bombeiam o sêmen através da *uretra*, o tubo oco que percorre todo o pênis. O sêmen, então, sai pela abertura na ponta do pênis. (Ver Figura 5.)

Em média, menos de uma colher de chá de sêmen sai do pênis na ejaculação. Essa pequena quantidade contém milhões de espermatozoides! No ato sexual, um homem é capaz de ejacular entre trezentos e quinhentos milhões de espermatozoides na vagina da mulher. Alguns deles chegam à parte superior da vagina. Ali, entram por um túnel minúsculo que leva ao *útero* ou *ventre*. (Ver Figura 6.) O útero é o local dentro do corpo da mulher onde se desenvolve o bebê.

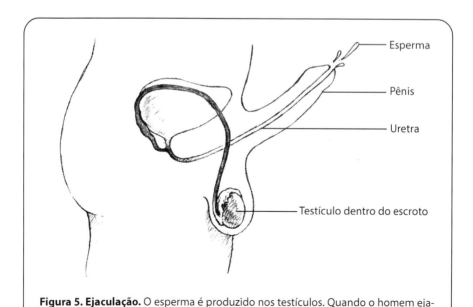

Figura 5. Ejaculação. O esperma é produzido nos testículos. Quando o homem ejacula, o esperma percorre a uretra e sai pela abertura na glande.

Alguns dos espermatozoides nadam até a parte superior do útero e entram em um dos dois canais uterinos. Muitos nunca chegam ao útero, perdem-se na vagina. Outros se perdem no útero. Os espermatozoides que não sobrevivem são dissolvidos pelo corpo da mulher.

Dos milhões de espermatozoides ejaculados, só alguns chegam à parte superior do útero e, de lá, às tubas *uterinas*, ligadas à parte superior do útero, uma de cada lado. Dentro de uma dessas tubas, o espermatozoide pode encontrar e se unir a um óvulo.

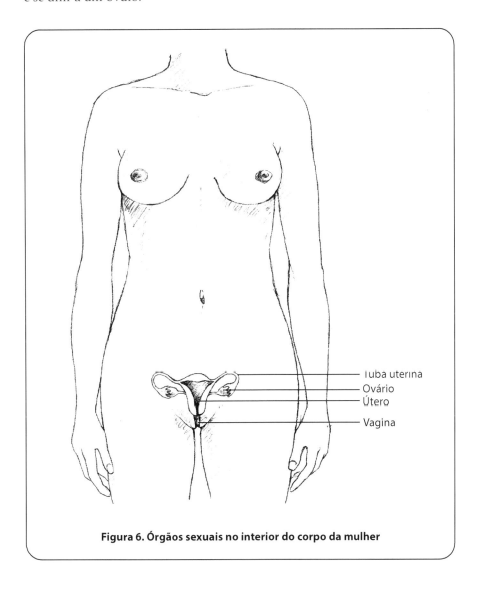

Figura 6. Órgãos sexuais no interior do corpo da mulher

Óvulo e ovulação

Uma menina nasce com centenas de milhares de óvulos, armazenados em dois órgãos que se chamam *ovários*.

Os óvulos de uma garota ainda jovem não são maduros. O primeiro óvulo só amadurece na puberdade. Uma mulher adulta costuma produzir um óvulo maduro de um de seus ovários mais ou menos uma vez por mês. Quando amadurece, o óvulo salta para fora do ovário. Essa liberação é chamada de *ovulação*. (Ver Figura 7.)

Após deixar o ovário, o óvulo entra em uma das tubas uterinas. As extremidades delas se estendem e empurram o óvulo para dentro da tuba. Minúsculos pelos em seu interior ondulam de um lado para outro, e lentamente essa delicada ondulação ajuda o óvulo a passar pela tuba.

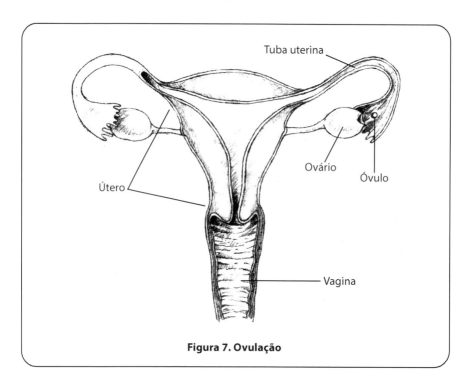

Figura 7. Ovulação

Fertilização, gravidez e nascimento

Em seu percurso através da tuba, o óvulo pode se deparar com alguns espermatozoides. Se isso acontecer, um dos espermatozoides pode entrar no óvulo. Essa junção de um óvulo e um espermatozoide é conhecida como *fertilização*.

O óvulo só pode ser *fertilizado* por um espermatozoide nas primeiras 24 horas após ter deixado o ovário. Mas o espermatozoide pode continuar vivo no corpo da mulher por até cinco dias. Isso significa que a fertilização pode acontecer se o homem e a mulher fizerem sexo no dia da ovulação, ou num dos cinco dias que a antecedem. Na maioria das vezes, o óvulo percorre a tuba uterina até o útero sem se deparar com um espermatozoide. Alguns dias após chegar ao útero, o óvulo não fertilizado se rompe. Se estiver fertilizado, isso não acontece. Chegando ao útero, ele se implanta ali e nos nove meses seguintes vai se desenvolver em um bebê.

O útero é um órgão oco. Na mulher adulta, geralmente ele tem o tamanho de uma pera. Mas as grossas paredes musculares do útero são muito elásticas, o que permite que ele se expanda na gravidez. (Ver Figura 8.)

Quando o bebê está pronto para nascer, o útero da mãe começa a se contrair. O minúsculo túnel que liga o útero à vagina se estica. Poderosas contrações empurram o bebê para fora do útero, em direção à vagina. As contrações continuam. O bebê é empurrado através da vagina, passa pela abertura vaginal e chega ao mundo. Olá, bebê!

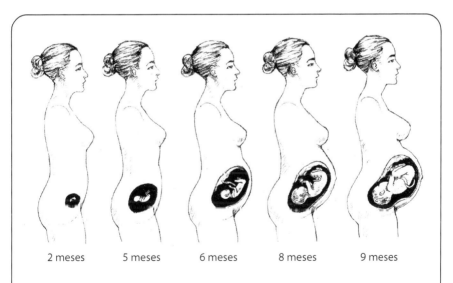

Figura 8. Gravidez. Um óvulo fertilizado se implanta na parede interna do útero e, no decorrer de nove meses, se desenvolve em um bebê.

GÊMEOS, GÊMEOS SIAMESES, TRIGÊMEOS...

Quando falo a respeito de fertilização, vejo mãos se erguendo pela sala toda.

"O que acontece se mais de um espermatozoide fertilizar o óvulo? A mulher tem gêmeos?"

Explico que só é possível um espermatozoide entrar num óvulo e fertilizá-lo. No momento em que um espermatozoide começa a entrar, o óvulo passa por transformações químicas. Essas mudanças impossibilitam a entrada de outro espermatozoide.

Mas geralmente esse é só o começo das perguntas. Embora fosse necessário outro livro inteiro para responder a todas elas, apresento aqui alguns fatos básicos que ajudarão a satisfazer sua curiosidade.

- Gêmeos *fraternos* constituem um dentre dois tipos de gêmeos. (Ver Figura 9.) Gêmeos fraternos surgem quando há dois óvulos, cada um fertilizado por um espermatozoide diferente. Geralmente, o ovário de uma mulher produz apenas um óvulo maduro por vez, mas de vez em quando pode produzir dois ao mesmo tempo. Cada um desses óvulos pode ser fertilizado por um espermatozoide diferente. Se ambos os óvulos fertilizados se implantarem nas paredes do útero, a mulher terá gêmeos fraternos. Esses gêmeos talvez não sejam parecidos. Podem nem ser do mesmo sexo.

- Gêmeos *idênticos* se desenvolvem a partir de um único óvulo fertilizado, que se divide em dois. (Ver Figura 10.) A divisão ocorre logo após a fertilização. Ninguém sabe por quê. Como os gêmeos idênticos vêm do mesmo óvulo e do mesmo espermatozoide, eles se parecem. São sempre do mesmo sexo.

- Quando nascem os gêmeos, um dos bebês chega primeiro. O outro costuma nascer alguns minutos depois. Às vezes, demora um pouco mais até o segundo bebê nascer. Há casos, inclusive, em que o segundo bebê só nasceu um dia depois.

- É possível que uma mulher dê à luz gêmeos fraternos de pais diferentes. Para isso acontecer, ela deve ter tido relações sexuais com dois homens na época da ovulação.

- Gêmeos *siameses* são gêmeos idênticos que nascem com os corpos grudados de alguma maneira. Por alguma razão desconhecida, o óvulo fertilizado não se divide completamente. Os bebês se desenvolvem com partes de seus corpos grudadas.

  Gêmeos idênticos são raros. Gêmeos siameses, mais ainda. Os gêmeos siameses podem nascer grudados de vários modos diferentes. Se for pelos pés, ombros ou braços, uma cirurgia pode separar os bebês. Em outros casos, a separação é mais difícil. Os bebês podem estar grudados de uma forma que, se cortados, um ou ambos morreriam. Por exemplo, os corpos podem estar grudados no peito e compartilhar um único coração. Alguns pais optam pela cirurgia mesmo que à custa da vida de um dos bebês. Outros não a querem. Se não forem separados, os gêmeos siameses passam a vida toda grudados um ao outro.

- Trigêmeos, quadrigêmeos, quíntuplos, sêxtuplos, sétuplos e óctuplos são casos muito mais raros que gêmeos. Quando mais que três bebês nascem ao mesmo tempo, a chance de sobrevivência de todos é baixa. Por causa do excesso, eles são menores que os bebês normais e nascem antes de estar plenamente desenvolvidos. Pelo que sabemos, o maior número de bebês nascidos ao mesmo tempo foi doze, mas alguns morreram. Houve um caso em Iowa (EUA) em que uma mulher deu à luz sete bebês, e todos sobreviveram. Não muito tempo depois, um casal teve oito bebês no estado do Texas, mas um morreu pouco após o nascimento.

Mulheres que dão à luz mais que dois bebês ao mesmo tempo geralmente tomam remédios especiais para engravidar. Porque tiveram problemas para engravidar no passado, os médicos lhes receitaram medicamentos para estimular os ovários. Como na maioria das vezes o estímulo é muito grande, vários óvulos são liberados ao mesmo tempo.

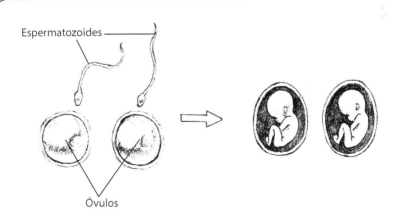

Figura 9. Gêmeos fraternos. Gêmeos fraternos são gerados quando uma mulher produz dois óvulos maduros, cada um fertilizado por um espermatozoide diferente.

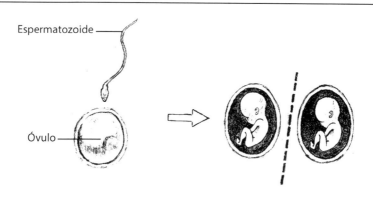

Figura 10. Gêmeos idênticos. Gêmeos idênticos são gerados quando, após a fertilização, o óvulo se divide em dois. Os gêmeos idênticos são parecidos e sempre do mesmo sexo.

TUDO O QUE VOCÊ SEMPRE QUIS SABER...

Se você for como os meninos em nossas aulas e *workshops*, então deve ter muitas dúvidas quanto ao que está acontecendo com seu corpo. Nem sempre é fácil expor essas dúvidas. Às vezes, sentimos vergonha. Achamos que as nossas perguntas são tolas. Temos medo de que todos os demais já saibam as respostas. Talvez riam de nós. Talvez nos achem idiotas ou "por fora".

Se você alguma vez se sentiu assim, não é o único. Em minhas aulas, fazemos um jogo chamado "Tudo o que você sempre quis saber sobre puberdade e sexo, mas tinha medo de perguntar". Distribuímos pedaços de papel no começo da aula. Os garotos e as garotas escrevem as perguntas e colocam os papéis numa caixa especial para isso. Não precisam assinar. Só eu leio as perguntas. A caixa é trancada e fica na sala. Os alunos podem escrever perguntas sempre que quiserem e colocá-las na caixa. No fim da aula, a caixa é aberta. Leio-as em voz alta e tento respondê-las da melhor maneira possível. (Se eu não souber a resposta, digo que não sei e tento encontrá-la antes da aula seguinte.)

Veja algumas das perguntas:

- *Quanto mede o maior pênis do mundo? O pênis pode ser muito pequeno?*
- *Quando vou ter barba e ficar parecido com meu pai?*
- *Por que às vezes a gente fica "duro" quando nem está pensando em sexo?*
- *Tem uma linha atravessando a parte de trás de meus testículos. Isso é normal?*

- *É normal um testículo ser mais baixo que o outro?*
- *Qual será a minha altura?*
- *Tem como aumentar o tamanho do pênis?*
- *Quando o pênis está duro, para que lado ele deve se curvar?*
- *Com quantos anos a gente começa a ter sonhos molhados?*
- *Não tenho muitos pelos nos testículos. Isso é normal?*
- *As mamas de um menino podem crescer?*
- *É certo se masturbar?*
- *O que acontece quando a gente se masturba e só sai um líquido transparente?*
- *Tenho uns pequenos calombos brancos no pênis. Isso significa que tenho alguma doença?*
- *Meus testículos são enormes, mas meu pênis é minúsculo. Qual é o problema?*
- *Qual é o melhor remédio para espinhas?*
- *Tenho dor no pênis e dele sai um pouco de uma coisa branca que parece leite. Isso é sinal de problema?*
- *Qual é a idade certa para entrar na puberdade?*
- *Como a gente sabe se é gay?*
- *Faz mal ejacular com muita frequência? Os espermatozoides podem acabar?*
- *É verdade que as meninas sangram uma vez por mês quando entram na puberdade?*
- *Quanto tempo dura a puberdade?*
- *Se eu gostar de uma menina, o que devo fazer para ela gostar de mim também?*

PARA LER ESTE LIVRO

Este livro responde a essas e outras perguntas que aparecem na caixa em nossas aulas, *workshops* e também de nossos leitores. Talvez você queira lê-lo com seus pais, com um amigo ou sozinho. Se quiser, pode ler do começo ao fim. Ou talvez prefira pular algumas partes, lendo um capítulo aqui e outro ali. Seja como for, esperamos que a leitura agrade você e que você aprenda tanto quanto nós aprendemos ao escrevê-lo.

2
AS PRIMEIRAS MUDANÇAS E OS ESTÁGIOS DA PUBERDADE

CUIDAR DE PLANTAS E LEGUMES é um de meus *hobbies*. Gosto de fingir que economizo muito dinheiro com isso. Na verdade, gasto uma pequena fortuna em livros de jardinagem, fertilizantes e redes de proteção para impedir os pássaros de comerem tudo. No fim das contas, cada meio quilo de vegetais da minha horta me custa quase oitenta reais.

Você deve estar se perguntando o que a minha horta tem a ver com meninos e puberdade. A resposta é: nada. Exceto por uma coisa: cada planta em minha horta tem seu modo e tempo de crescer. Posso pegar duas sementes do mesmo pacote e plantá-las uma ao lado da outra. Dou às duas a mesma quantidade de água. Ambas recebem a mesma luz. Uma delas, porém, brota do solo e chega a 7,5 ou até dez centímetros de altura, antes que a outra sequer irrompa através da terra. Meninos também têm jeito e tempo próprios de crescer.

Veja os meninos na Figura 11. Ambos têm 12 anos. Os dois são completamente normais e saudáveis em tudo. Um deles já está bem avançado na puberdade. Seus órgãos sexuais começaram a crescer e se desenvolver e já é possível notar os pelos púbicos. Já é bem alto e tem músculos maiores, mais desenvolvidos, assim como um pouco de pelo no corpo e no rosto. O outro não se desenvolveu tanto. Está apenas entrando na puberdade. Esses jovens têm uma programação interna diferente um do outro e se encontram em estágios diferentes de desenvolvimento. Mas ambos estão se desenvolvendo normalmente, na idade e no tempo certos para o corpo deles.

AS PRIMEIRAS MUDANÇAS E OS ESTÁGIOS DA PUBERDADE | 45

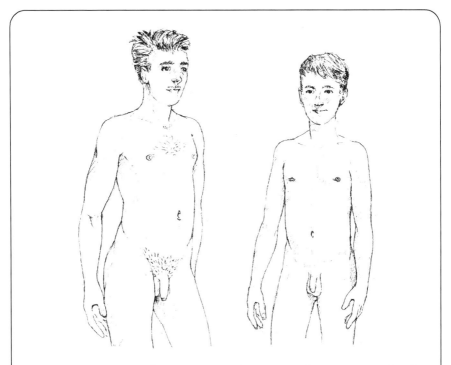

Figura 11. Dois garotos de 12 anos. Esses dois meninos têm 12 anos. Um já se desenvolveu bastante. O outro está entrando na puberdade.

COMEÇANDO CEDO, COMEÇANDO TARDE

A puberdade começa em idades diferentes para cada garoto. Alguns começam a se desenvolver aos 9 anos. Outros só entram na puberdade com 14 ou até 15 anos de idade.

Por que alguns começam cedo e outros só quando são mais velhos? Não há uma resposta que satisfaça completamente essa pergunta, mas parte dela tem a ver com as propensões familiares. Os meninos tendem a puxar pelo pai e pelos outros homens da família paterna. Se seu pai e os parentes dele do sexo masculino entraram na puberdade cedo, provavelmente você também vai entrar. Se demoraram a se desenvolver, talvez o mesmo aconteça com você.

Essa, porém, não é uma regra fixa e definitiva. Um garoto pode divergir de seu pai e dos outros homens da família. Por exemplo, um jovem de uma família de homens que demoraram a entrar na puberdade pode começar na média ou até mais cedo. É possível também que seus parentes não tenham padrão definido. Pode ser que alguns comecem cedo, outros tarde, e outros na média. Mas os homens da mesma família geralmente são iguais, por isso vale a pena perguntar a seus parentes quando eles entraram na puberdade.

DESENVOLVIMENTO RÁPIDO, DESENVOLVIMENTO LENTO

Enquanto isso, de volta à minha horta... As primeiras sementinhas que brotam estão sempre um passo à frente das outras e rapidamente se tornam plantas adultas. Muitas pessoas acham que o mesmo acontece com os jovens quando passam pela puberdade. Imaginam que os meninos que começam cedo se desenvolverão mais rápido que os outros. Mas isso nem sempre acontece.

Alguns *de fato* se desenvolvem mais rapidamente. Entram na puberdade cedo e logo o corpo se torna maduro, adulto. Outros começam cedo e se desenvolvem no ritmo médio, enquanto outros têm um desenvolvimento lento. O mesmo se aplica a meninos que demoram a entrar na puberdade e para os que começam na média. A idade em que um garoto entra na puberdade não indica a velocidade em que ele vai se desenvolver.

A maioria dos garotos leva três ou quatro anos para atravessar a puberdade. Mas alguns levam cinco ou mais até amadurecerem, enquanto outros levam menos de dois anos. Mais uma vez, o tempo gasto por um garoto na puberdade *não tem relação* com a idade em que ele entra nela.

AS PRIMEIRAS MUDANÇAS

Para a maioria dos meninos, o primeiro sinal externo da puberdade é quando os testículos e o escroto começam a se desenvolver. Na infância, os órgãos sexuais não crescem muito. Já na puberdade, têm um estirão de crescimento. Começam a crescer em ritmo muito mais rápido que na infância.

O escroto e os testículos são os primeiros a passar por esse processo. Os testículos aumentam e ficam mais baixos. O escroto se torna mais longo. A pele do escroto fica mais avermelhada ou mais escura, além de ficar mais fina; e o escroto se torna mais solto. Posteriormente, o pênis começa a se desenvolver; fica mais longo e, por fim, mais largo. Em determinado momento, começam a surgir pelos púbicos nos genitais.

Embora o crescimento dos testículos e do escroto geralmente seja a primeira mudança na puberdade, muitos meninos não a notam. Os testículos são muito pequenos antes da puberdade. Mesmo quando começam a crescer, a princípio ainda são pequenos. Às vezes é difícil saber se eles já começaram a se desenvolver. Se você entender como os médicos medem o tamanho dos testículos, talvez perceba se eles já estão crescendo.

Medindo o tamanho dos testículos

Os médicos medem o tamanho dos testículos com um instrumento chamado *orquidômetro*, um objeto com ovais de madeira ou plástico. As ovais são presas a um cordão de acordo com o tamanho. A Figura 12 é uma ilustração em tamanho real desse instrumento.

O médico segura o orquidômetro com uma mão e o testículo do paciente com outra. Então, compara o tamanho das ovais com o do testículo. Em seguida, "mede" o testículo para escolher a oval mais próxima deste em tamanho, lendo o número impresso nele.

O número na oval mostra o tamanho em termos de volume (quanto cabe nela). O volume é medido em mililitros (ml). A oval com marca 1 tem um volume de um mililitro. Isso equivale a um quinto de uma colher de chá. A oval maior, com marca 25, tem um volume de 25 mililitros, ou cerca de cinco colheres de chá.

É bem provável que você não tenha um orquidômetro em casa, mas pode ter uma ideia aproximada do tamanho de seus testículos comparando-o ao das ovais da ilustração do orquidômetro a seguir. A qual das ovais eles se aproximam mais?

Verifique o tamanho de cada testículo. Não se preocupe se um for um pouco maior que o outro. Isso é perfeitamente normal. Em homens adultos, o testículo direito geralmente (nem sempre) é um pouco maior que o esquerdo. Entretanto, o testículo esquerdo costuma ser mais descido. Se seus testículos tiverem um tamanho correspondente a quatro mililitros ou mais, é um sinal confiável de que você já entrou na puberdade. Se tiverem três mililitros ou menos, provavelmente ainda não.

Pelos púbicos

No decorrer da puberdade, também começam a aparecer os pelos púbicos. Frequentemente, esse é o primeiro sinal notado pelos meninos. Como dissemos, o crescimento dos testículos começa primeiro, mas – também como já dissemos – esse crescimento às vezes é difícil de detectar. Alguns garotos pas-

48 | O QUE ESTÁ ACONTECENDO COM O MEU CORPO?

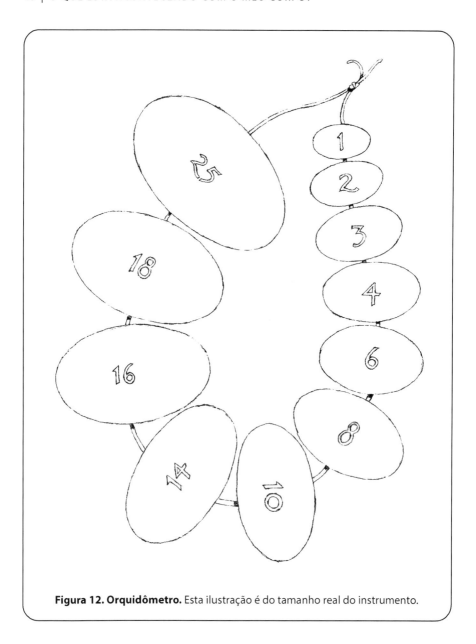

Figura 12. Orquidômetro. Esta ilustração é do tamanho real do instrumento.

sam a ter pelos púbicos mais ou menos na mesma época em que os testículos começam a crescer. Em outros, os pelos só surgem um tempo depois.

Os primeiros pelos púbicos não têm coloração muito escura nem são muito enrolados. Também não surgem em grande quantidade. Costumam aparecer na área em que o pênis se liga ao corpo. Ao longo da puberdade, os pelos

FRIO E SOLTO

Você já se perguntou por que o escroto e os testículos ficam descidos ("pendurados"), para fora do corpo e a certa distância dele? Um dos meninos em minha classe fez a seguinte pergunta:

> Por que eles ficam balançando daquele jeito, correndo o risco de levar alguma batida e se machucar? Por que não estão dentro do corpo, onde ficariam em segurança?
>
> – ANDY, 11

Eis uma boa pergunta, e há uma boa resposta para ela. Os espermatozoides, as células reprodutoras masculinas, são produzidos nos testículos. Para isso, os testículos precisam estar numa temperatura um pouco mais baixa que a temperatura normal verificada no interior do corpo. É por isso que eles ficam dependurados na bolsa escrotal, do lado externo do corpo – para que se mantenham frios.

O escroto também é responsável por manter os testículos na temperatura certa. Em dias frios, ou quando você entra numa piscina com água fria, o escroto enrijece. Com isso, os testículos se aproximam mais do corpo, para receber mais calor. Em dias quentes, após um banho quente, ou quando você está com febre, o escroto relaxa e fica mais descido. Os testículos se afastam mais do corpo para esfriar.

---

púbicos ficam mais escuros e enrolados e também mais numerosos. Crescem acima do pênis, na parte inferior do abdômen (barriga) e se espalham pelas coxas. Também podem aparecer sobre a bolsa escrotal ou perto do ânus. Em homens adultos, os pelos púbicos crescem em um padrão triangular, de cima para baixo, na parte inferior do abdômen; podem se estender também em direção ao umbigo e para as coxas.

Geralmente têm a mesma cor dos cabelos, mas também podem ser mais claros ou mais escuros. A quantidade depende de fatores étnicos, raciais e familiares. Por exemplo, chineses e japoneses costumam ter menos pelos – que surgem mais tarde na puberdade – que europeus ou africanos.

Alguns dos meninos e homens com quem conversamos se preocuparam um pouco quando notaram os primeiros pelos púbicos. Veja o que disseram:

Parecia que havia um monte de espinhas na pele em volta do pênis.

– JIM, 16

Eram umas pequenas protuberâncias, e achei que tinha alguma doença.

– PHIL, 24

Primeiro surgiram aquelas pintinhas elevadas, meio brancas. Tinha medo até de falar delas. Só esperei. Depois, notei uns pelinhos se destacando.

– BILL, 17

Quando os pelos púbicos começam a crescer, costumam aparecer pequenas protuberâncias na superfície da pele, parecidas com espinhas. São causadas pelos minúsculos pelos púbicos que atravessam a pele. Logo, os pelos começam a aparecer através das protuberâncias. Se você não sabe o que está acontecendo, pode ficar assustado. Mas faz parte do crescimento, não é motivo para preocupação.

Você pode notar outras pequenas protuberâncias ou pintas na pele do pênis e do escroto das quais não surgem pelos. São as glândulas sudoríparas e sebáceas, que produzem, respectivamente, pequenas quantidades de suor e óleo. É possível notar também que nessa região a pele fica mais úmida e com um cheiro um pouco diferente. As glândulas sudoríparas e sebáceas, que se tornam ativas durante a puberdade, causam essas mudanças. Isso é normal e faz parte do crescimento – é outro sinal de que você está se tornando homem.

OS ESTÁGIOS DA PUBERDADE

Os médicos classificam o crescimento e o desenvolvimento dos órgãos genitais em cinco estágios, que podem ser vistos na Figura 13. Também o crescimento dos pelos púbicos é dividido em cinco estágios, como se vê na Figura 14. Leia as descrições desses estágios nesta seção e depois compare seu corpo com as ilustrações. Em qual estágio você está?

A propósito, os estágios genitais e dos pelos púbicos nem sempre coincidem. Você pode estar em um estágio do desenvolvimento genital e em outro do crescimento dos pelos púbicos. Por exemplo, pode estar no estágio 2 do desenvolvimento genital e no estágio 1 do crescimento de pelos púbicos. Portanto, não se preocupe se os estágios não forem os mesmos, isso é perfeitamente normal!

AS PRIMEIRAS MUDANÇAS E OS ESTÁGIOS DA PUBERDADE | 51

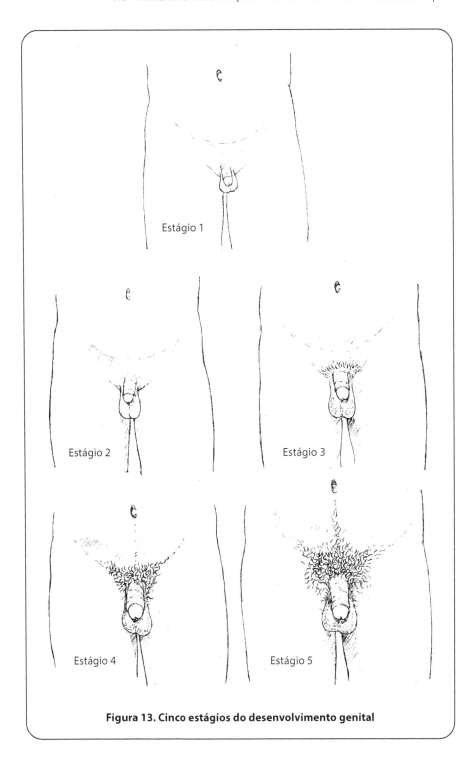

Figura 13. Cinco estágios do desenvolvimento genital

Quando o desenvolvimento genital e o crescimento de pelos se encontram em estágios diferentes, o segundo *geralmente* está atrás, ou seja, é mais provável que um menino esteja no terceiro estágio genital e no segundo estágio dos pelos púbicos do que o contrário.

Quando os estágios não coincidem, a diferença de desenvolvimento entre eles não costuma ser grande. De modo geral, o crescimento dos pelos não fica atrasado em relação ao desenvolvimento genital mais que dois estágios. Mas nem sempre é assim, claro. Às vezes, um tipo de desenvolvimento é muito mais lento que o outro. Por exemplo, às vezes um garoto está no quarto estágio genital quando surgem os primeiros pelos púbicos. Isso também é perfeitamente normal.

Cinco estágios do crescimento e do desenvolvimento genitais

Os cinco estágios de crescimento e desenvolvimento dos órgãos sexuais são mostrados na Figura 13 e descritos a seguir.

ESTÁGIO 1: INFÂNCIA

O primeiro estágio é a infância, antes do início da puberdade. Os órgãos sexuais não mudam muito nesse período. À medida que o resto do corpo cresce, o pênis, a bolsa escrotal e os testículos crescem um pouco também, mas não muito. Trata-se de um crescimento muito lento. Os testículos geralmente medem menos de três mililitros.

Nesse estágio, você ainda não tem pelos púbicos. É só no segundo, ou depois, que esses pelos começam a surgir em meninos.

ESTÁGIO 2: TESTÍCULOS E ESCROTO AUMENTAM

O segundo estágio é o começo da puberdade. Um menino chega a esse estágio quando os testículos e o escroto – ou bolsa escrotal – começam a aumentar. Na infância, esses órgãos sexuais crescem de forma muito lenta. Quando o jovem entra na puberdade, eles começam a crescer em um ritmo muito mais rápido. Se seus testículos medirem quatro mililitros ou mais, provavelmente você entrou no estágio 2 e está, portanto, começando a puberdade.

O pênis em si não aumenta muito nesse estágio. A maior mudança é no tamanho dos testículos e do escroto. Enquanto os testículos aumentam, o escroto se torna mais longo. Ambos ficam mais descidos. A pele do escroto se torna mais fina e solta, e ele fica mais largo e enrugado. Os testículos já não enchem totalmente a bolsa escrotal. A pele tem uma sensação diferente ao toque. A cor também muda. A pele do escroto fica mais avermelhada ou de alguma coloração escura.

A maioria dos meninos tem os primeiros pelos púbicos nesse estágio. Mas muitos só os terão no estágio 3 ou depois.

A idade típica para um menino entrar no estágio 2 é 10-12 anos, mas alguns entram com 9. Há muitos também que só o alcançam aos 13 ou quase 14 anos. Alguns garotos perfeitamente normais e saudáveis chegam ao segundo estágio antes dos 8 anos, enquanto outros só depois dos 14.

Esse estágio pode durar desde alguns meses até mais de dois anos. Em média, dura cerca de um ano.

ESTÁGIO 3: O PÊNIS FICA MAIS LONGO

O terceiro estágio começa quando o pênis se torna mais longo. Nesse estágio, ele ainda não está mais largo. A maior mudança é no comprimento.

A pele do pênis e do escroto continua escurecendo nesse estágio. O escroto e os testículos também continuam crescendo.

Se seus pelos púbicos não começaram a crescer no segundo estágio, talvez você note os primeiros nesse momento. Se já os tem, talvez eles fiquem mais escuros e enrolados agora. A maioria dos meninos chega a esse estágio entre os 10 e os 14 anos de idade. A idade média para o início do estágio 4 é 12 ou 13 anos. Ele costuma durar entre uns dois meses a um ano e meio.

ESTÁGIO 4: O PÊNIS FICA MAIS LARGO

No quarto estágio, o pênis fica mais largo, e a glande mais desenvolvida. O pênis continua aumentando também em comprimento, mas as principais mudanças estão na largura e na glande. A pele do escroto e do pênis escurece. Os testículos continuam crescendo e o escroto desce um pouco mais. A maioria dos garotos já tem pelos púbicos quando entra no estágio 4. Alguns, porém, só os desenvolvem quando ele começa.

Normalmente, um menino entra nesse estágio aos 13 ou 14 anos. Mas muitos entram antes, quando têm 11 ou 12. Há também muitos rapazes que só entram no estágio 4 com 15, 16 ou 17 anos. Novamente, há meninos perfeitamente normais e saudáveis que não se enquadram nessas faixas. Esse estágio dura algo entre seis meses e dois anos.

ESTÁGIO 5: ADULTO

Esse é o estágio final, maduro. Os testículos estão totalmente crescidos. Geralmente medem cerca de cinco centímetros de comprimento e de 14 a 27 mililitros de tamanho. O escroto também já está plenamente desenvolvido. A pele do escroto e do pênis adquire coloração ainda mais escura.

O pênis já está totalmente desenvolvido. Assim como as outras partes do corpo, o tamanho do pênis varia de uma pessoa para outra. Falaremos mais dessa questão no capítulo 3.

A idade típica para passar para esse estágio é entre 14 e 16 anos. Alguns, contudo, o atingem aos 12 ou 13 anos, enquanto outros só quando já passaram dos 16. Assim como nos outros estágios, há meninos perfeitamente normais que não se enquadram nessas faixas de idade.

Cinco estágios do crescimento dos pelos púbicos

Como dissemos, os médicos classificam o crescimento dos pelos púbicos em cinco estágios, mostrados na Figura 14 e descritos a seguir.

ESTÁGIO 1: INFÂNCIA

É o estágio da fase infantil, ou pré-puberdade. O garoto ainda não tem pelos púbicos. Você pode ter pelos na parte inferior do abdômen e em volta dos genitais, nesse estágio. Se os tiver, são do tipo claro, liso, presentes também na barriga e em outros lugares. Esse pelo infantil é curto, fino e quase não tem cor. Não é pelo púbico.

ESTÁGIO 2: SURGEM OS PRIMEIROS PELOS PÚBICOS

Esse estágio começa quando surgem os primeiros pelos púbicos, que costumam ser retos ou um pouco enrolados. Já têm alguma cor, mas não muita. São mais longos que os pelos da infância, próprios do primeiro estágio. Esses primeiros pelos geralmente crescem em torno da base do pênis. Podem ser muito poucos. Talvez você precise olhar com muita atenção para vê-los. Observe a área onde o pênis se liga ao corpo.

ESTÁGIO 3: O CRESCIMENTO CONTINUA

Nesse estágio, os pelos púbicos são mais enrolados, ásperos e de coloração mais escura. Cobrem uma área mais vasta e são mais numerosos, mas pouco abundantes. O crescimento dos pelos pode se estender ao escroto.

AS PRIMEIRAS MUDANÇAS E OS ESTÁGIOS DA PUBERDADE | 55

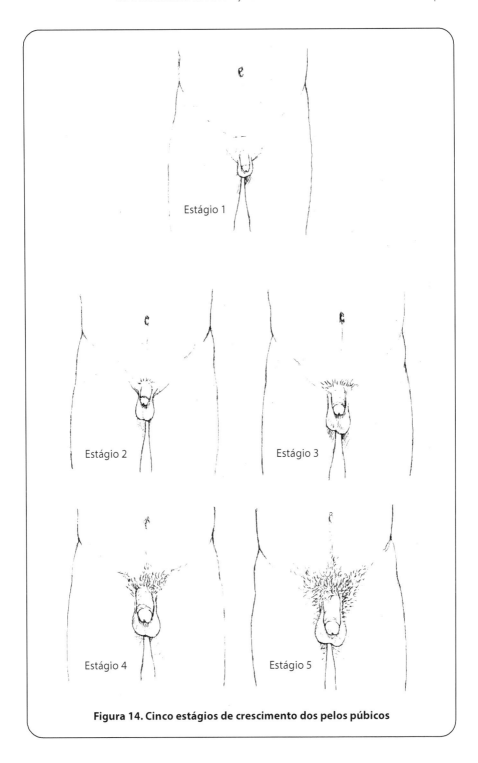

Figura 14. Cinco estágios de crescimento dos pelos púbicos

ESTÁGIO 4: QUASE ADULTO

Os pelos púbicos agora são mais escuros, enrolados e ásperos, quase como pelos adultos. São bem mais numerosos que no estágio 3. O crescimento dos pelos pode ser em um padrão triangular, mas não se estende até as coxas. Eles ainda não cobrem uma área tão grande quanto no estágio seguinte.

ESTÁGIO 5: ADULTO

Nesse estágio, os pelos púbicos são ásperos e enrolados. Estendem-se até a virilha, de ambos os lados. Geralmente crescem em padrão triangular, espalhando-se em direção ao umbigo e pelas coxas.

Alguns meninos – principalmente chineses e outros asiáticos – só desenvolvem pelos púbicos até os estágios 3 ou 4. Para eles, esses são o estágio adulto de desenvolvimento.

SENTIMENTOS EM RELAÇÃO À PUBERDADE

Os garotos nas classes de segunda e terceira séries geralmente ainda não entraram na puberdade. São empolgados com a ideia e mal podem esperar para que ela comece. Mas nem todos se sentem assim. Um aluno da terceira série disse:

> Eca! Não quero que meu pênis fique grandão, peludo e feio!
>
> – JONATHAN, 8

Em minhas aulas para crianças mais velhas, a maioria já entrou na puberdade ou entrará logo. Assim como os meninos mais novos, geralmente se sentem animados. Sentem-se orgulhosos quando notam as primeiras mudanças. Um menino disse:

> É uma sensação assim, do tipo: "Opa! Finalmente estou crescendo!"
>
> – JOSE, 12

Os garotos mais velhos também demonstram outros sentimentos, além do orgulho e da animação. Isso é totalmente normal. Quase todos têm dúvidas. Um garoto contou:

> Eu estava tomando banho de banheira e vi uns pelos púbicos. Acho
> que meu pênis e meus testículos já estavam crescendo... Percebi que eu
> estava mudando. Senti que era adulto e fiquei contente com isso. Dali a
> dois segundos, fiquei apavorado... *Ah, não, não estou preparado para isso.*
>
> – JAMES, 11

Muitos dos homens e meninos com quem conversamos falaram dessa sensação de "não estou preparado". Se você também se sente assim, lembre-se de que é perfeitamente normal.

Alguns meninos ficam chateados porque seu corpo demora a se desenvolver. Estão ansiosos para ter um corpo maduro, musculoso. Os colegas estão se desenvolvendo enquanto eles ainda parecem "garotinhos".

Alguns homens se lembraram de como fora difícil lidar com essa expectativa.

> Só entrei na puberdade aos 16 anos. Sentia-me incomodado quando me
> via em situações em que outros garotos percebiam que eu ainda não
> tinha entrado. Sempre ficava envergonhado nas aulas de educação física
> e tentava esconder meu corpo.
>
> – JIM, 47

> Comecei tarde também. Parecia que todos os outros meninos já tinham
> um corpo desenvolvido, com pelos nos lugares certos, e lá estava eu,
> todo magrinho. Mas, quando as mudanças começaram, foi tudo muito
> rápido. Minha atitude foi "Graças a Deus! Finalmente está acontecendo
> comigo". Cheguei a pensar que nunca aconteceria e que talvez eu tivesse
> algum defeito, ou fosse doente, tivesse algum problema, enfim. Mas
> finalmente comecei a me desenvolver também.
>
> – GLENN, 42

Se você teme que a puberdade nunca chegue, olhe à sua volta. Quantos adultos você conhece que nunca passaram por ela? Nenhum, certo? Todos nós passamos, cedo ou tarde, por essa fase. Um dia, seu corpo mudará e você acompanhará os outros garotos. E nem vai entender por que ficou tão preocupado. Não são apenas os mais atrasados que passam por situações embaraçosas. Um rapaz se lembra de como se sentia por ter começado cedo:

Eu me desenvolvi muito cedo. Fiquei orgulhoso, mas também constrangido porque parecia muito diferente dos outros meninos. Naquela idade, é difícil ser diferente. Você quer ser igual a todos os outros, não quer chamar a atenção.

– PETE, 26

Realmente *é* difícil ser diferente. Mas tente se lembrar de que não existe uma idade "certa" para todos. Seu corpo está se desenvolvendo na idade certa para você.

SOU NORMAL?

Parece que todo mundo faz essa pergunta em determinado momento durante a puberdade. A resposta é quase sempre "sim", mas, embora não sejam comuns, existem problemas médicos que podem acelerar ou atrasar a puberdade.

Nem sempre é fácil saber quando é "muito cedo" ou "muito tarde". Como você viu neste capítulo, a puberdade começa em idades diferentes para cada um. Alguns meninos perfeitamente normais e saudáveis notam os primeiros sinais de puberdade aos 8 anos, ou até antes. Outros, igualmente normais e saudáveis, só entram na puberdade com 14 anos ou mais.

Os médicos recomendam que os garotos que entram na puberdade antes dos 9 anos façam um *check-up*. Ou seja, um menino deve consultar um médico se os testículos ou o pênis começarem a se desenvolver, se os pelos púbicos começarem a aparecer, ou se ele tiver qualquer outro sinal da puberdade antes dos 9 anos.

Também recomenda-se um *check-up* para os jovens que ainda não entraram na puberdade ao completar 14 ou 15 anos. Portanto, um menino cujos órgãos sexuais ainda não começaram a se desenvolver e os pelos púbicos ainda não apareceram até ele completar 14 ou 15 anos deve consultar um especialista.

É importante lembrar que a entrada na puberdade antes dos 9 anos ou depois dos 14-15 anos nem sempre significa que há um problema. Entretanto, se houver e for tratado logo, o garoto poderá se desenvolver normalmente.

Às vezes, a puberdade parece se dar de forma muito lenta. As mudanças em nosso corpo podem ser tão sutis que não temos certeza se realmente estamos crescendo. Ou podemos ter a impressão de que a puberdade simplesmente parou e não vai recomeçar. Se você entrou na puberdade, mas seu crescimento não é tão rápido como gostaria, tenha calma. Você está crescendo e ainda terá um corpo maduro, adulto.

É claro que, se sentir que há algo errado com seu corpo, você deve consultar um médico. Se houver algum problema, será detectado cedo; se não houver, você vai ficar mais tranquilo sabendo que está tudo bem.

3
GUIA DO PROPRIETÁRIO PARA OS ÓRGÃOS SEXUAIS: O QUE É NORMAL? O QUE NÃO É?

O CAPÍTULO 2 EXPLICOU COMO os órgãos sexuais no lado externo do corpo mudam durante a puberdade. É natural que os meninos tenham curiosidade quanto a isso. Os mais novos costumam observar com cuidado o próprio corpo, procurando quaisquer sinais de mudança. Mesmo os que não procuram, passam a prestar mais atenção quando seus órgãos sexuais começam a crescer.

Quando observam melhor o próprio corpo, os meninos têm dúvidas e preocupações acerca de seus órgãos sexuais. Talvez notem algo que nunca tinham visto antes. Ou que talvez tenham visto, mas nunca parado para pensar. De qualquer forma, os meninos da sua idade costumam ter muitas dúvidas quanto ao tamanho, à forma ou à aparência de seus órgãos sexuais.

Este capítulo é um "guia do proprietário" para os órgãos sexuais no lado externo do corpo masculino. Assim como outras partes do corpo, o pênis e o escroto têm aparência diferente em cada indivíduo. As variações pessoais são muitas. O guia explica essas diferenças para que você entenda o que é normal e o que não é.

TAMANHO DO PÊNIS

A maior preocupação dos garotos é em relação ao tamanho do pênis. Se você se preocupa com isso, saiba que não é o único. Esse assunto surge repetidas vezes em nossa caixa de perguntas e nas cartas dos leitores. Na verdade, recebemos mais perguntas sobre o tamanho do pênis do que sobre todos os outros assuntos juntos.

Um dos mais antigos relatórios científicos sobre o tamanho do pênis remonta ao ano de 1879. Seu autor, o dr. W. Krause, informava que, "na maioria dos casos", o pênis ereto tem pouco menos de 22 centímetros de comprimento. Talvez todo o problema de os homens acharem que seu pênis é muito pequeno tenha começado com esse relatório. Ou talvez não. Mas o fato é que o dr. K. errou em mais de cinco centímetros. A maioria dos homens não chega a essa marca. Só um em cada cem homens adultos tem um pênis ereto tão longo!

A questão do tamanho

Nas próximas páginas, veremos relatos científicos e atualizados referentes ao tamanho do pênis. Antes, porém, queremos esclarecer algumas questões.

Muitos garotos se preocupam por achar que seu pênis é muito pequeno. Olham ao redor, no banheiro, e veem que o pênis dos outros parecem sempre maior. Mas essa forma de comparação de tamanho é enganosa.

Há grande variação no tamanho do pênis mole. Mas as diferenças tendem a desaparecer quando ocorre uma ereção. Um pênis que parece pequeno quando está mole cresce muito mais na ereção. Já um pênis maior cresce menos durante a ereção. Se seu pênis parece pequeno, isso não significa que não crescerá quando você tiver uma ereção.

É difícil determinar o tamanho médio do pênis mole, pois os tamanhos variam muito. Se você estiver com medo, frio, ou nervoso, a quantidade de sangue dentro do pênis pode ser reduzida, diminuindo o tamanho do órgão, que pode encolher até cinco centímetros. Quando você relaxa ou se aquece, há mais sangue no pênis e ele cresce. Por isso é difícil dizer qual é o tamanho médio do pênis de *um* homem quando ele está mole, muito menos de *todos* os homens .

É natural os meninos fazerem comparações nos vestiários. É natural querer comparar o pênis com o dos outros. Mas não esqueça que você ainda está em fase de crescimento. Lembre-se do que aprendeu no capítulo 2. O pênis só chega ao tamanho pleno no estágio 5. Se você ainda não está nesse estágio, seu pênis pode continuar crescendo. Muitos garotos já têm 17 ou 18 anos – ou até mais – quando o pênis atinge o tamanho total.

Na verdade, o pênis só começa a crescer no estágio 3. O rapaz ao seu lado no banheiro pode ter a mesma idade que você, mas talvez esteja em um estágio muito diferente da puberdade. Pode estar no estágio 4 ou 5. Se você ainda estiver no segundo estágio, é claro que o pênis dele será maior que o seu. Isso não significa que o seu seja muito pequeno. Quando chegar ao quinto estágio, seu pênis provavelmente terá o mesmo tamanho que o da maioria dos garotos.

O tamanho de sua ereção também varia. As variações podem não ser tantas como no tamanho do pênis mole, mas o tamanho da ereção é afetado pela temperatura ambiente, pelo nervosismo, pela hora do dia, por recente atividade sexual, pela situação e pelo humor.

Na média

O tamanho do pênis é uma questão muito importante para os homens. Você pode pensar que há muitos estudos bons, científicos, acerca dessa questão, mas não há. Não foram feitas muitas pesquisas. E os estudos existentes nem sempre são muito confiáveis. Alguns foram feitos com pouquíssimos homens; em outros estudos, os voluntários mediram o pênis em casa, sem supervisão científica. Mesmo que os homens tenham sido honestos nas medições, talvez não tenham seguido as instruções devidamente. Por exemplo, alguns podem ter "arredondado" a média para o número mais alto na hora de relatar o tamanho. É possível que homens de pênis grandes tenham se mostrado mais dispostos a se oferecer para esse tipo de estudo que homens de pênis pequenos. Nesse caso, o "tamanho médio" relatado pelo estudo seria grande demais. Lembre-se sempre disso quando ler aqui a respeito dos resultados desses estudos.

O famoso pesquisador e sexólogo Alfred Kinsey e seus colegas estudaram o tamanho do pênis. Milhares de voluntários foram instruídos a medir o comprimento do órgão ereto e enviar o resultado pelo correio. O tamanho médio de um pênis ereto apurado pelos estudos de Kinsey foi pouco menos de dezesseis centímetros . Em estudos mais recentes, as medições foram feitas por médicos ou baseadas em fotos. Esses estudos mostram um comprimento médio do pênis ereto perto de quinze centímetros . Mas, de novo, alguns dos estudos contaram com voluntários, o que pode ter afetado os resultados.

GUIA DO PROPRIETÁRIO PARA OS ÓRGÃOS SEXUAIS | 63

> **MEDIDAS**
>
> Em estudos científicos, o comprimento do pênis é medido da parte que se liga ao corpo até a ponta. A maioria dos homens já mediu o pênis pelo menos uma vez na vida. É fácil. Você só precisa de uma régua e uma ereção, além de seguir estas instruções:
> Quando estiver plenamente ereto, de pé, posicione o pênis perpendicularmente (reto) a partir do corpo. Coloque a régua acima do pênis – ele tem de ficar o mais reto possível, plano em relação à régua. Pressione uma ponta da régua na área púbica na base do pênis e meça a distância até sua ponta.
> Use régua, e não fita métrica. A régua é dura e pode ser apoiada com firmeza na área gordurosa que cobre o osso púbico.

O melhor que podemos fazer é dar a você os resultados com base em estudos nada perfeitos. Eles mostram que sete em cada dez homens adultos têm um pênis ereto que mede entre treze e dezessete centímetros. Também, em homens adultos, o tamanho médio medido em volta da parte mais larga de um pênis ereto é em torno de treze centímetros.

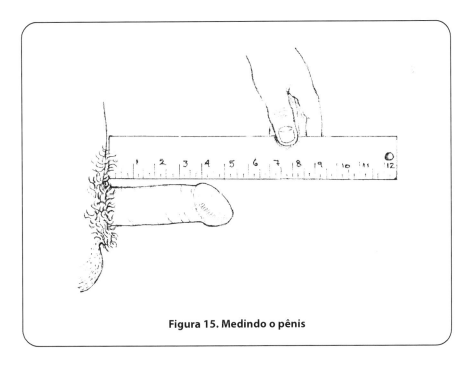

Figura 15. Medindo o pênis

Mitos acerca do tamanho do pênis

Mitos são histórias fictícias ou lendas. Muitos são completamente falsos. Eis alguns a respeito do tamanho do pênis em contraste com os fatos reais.

Mito: Homens com pênis grande são mais masculinos que aqueles com pênis pequeno.

Esse mito tem vários significados, dependendo do que as pessoas consideram "masculino". Por exemplo, talvez você tenha ouvido dizer que homens com pênis grande são melhores no esporte, ou mais corajosos, ou mais fortes. **Fato:** Isso simplesmente não é verdade. O tamanho do pênis não tem nada a ver com coragem, força ou destreza atlética.

Mito: Homens com pênis grande são sexualmente mais potentes.

As pessoas contam esse mito de diversas maneiras também. Por exemplo, um homem com pênis grande tem um impulso sexual mais forte, maior apetite sexual, mais ereções ou suas ereções duram mais. **Fato:** O tamanho do pênis não tem nada a ver com nenhuma dessas coisas. Cada homem tem um impulso sexual diferente, próprio. Alguns têm ereções mais rápidas que outros. Mas essas diferenças não têm nenhuma relação com o tamanho do pênis.

Mito: Homens com pênis grande são amantes melhores.

Também para esse mito há várias versões. As mulheres gostam mais de fazer sexo se o homem tem pênis grande. Elas acham os homens com pênis grande mais atraentes. **Fato:** O tamanho do pênis tem muito pouco a ver com o prazer da mulher durante a relação sexual. Esse prazer vem principalmente do estímulo que ela recebe na área em torno do clitóris. Concentra-se fora, e não dentro da vagina. Só a parte mais superficial da vagina contêm terminações nervosas; a parte mais profunda não é muito sensível. O prazer da mulher também é afetado pelos sentimentos que ela nutre pelo parceiro. Em todos esses fatores, o tamanho do pênis tem pouca ou nenhuma importância.

Não há estudos científicos que sugiram que as mulheres preferem homens com pênis grande. Mas *há* estudos que mostram que elas não se importam com o tamanho do pênis do parceiro.

> **Deixe seu pênis mais longo e mais grosso...**
>
> **Ereções de até trinta centímetros ou mais!**
>
> **Cresça até o máximo de seu potencial!**
>
> **Resultados cientificamente comprovados!**
>
> Essas frases são de anúncios para "produtos" ou "métodos para aumentar o pênis". Alguns deles, assim como as "gotas de sexo" ou os "cremes para o pênis", são inúteis e idiotas.
>
> Alguns produtos são *kits* com pesos que você coloca no pênis para esticá-lo. Além de inúteis, podem também ser perigosos. Em alguns casos, o que você acaba comprando é uma versão barata de um dispositivo médico chamado "bomba para o pênis". O aparelho foi inventado para homens com problemas de saúde que não conseguem ter uma ereção normal. A bomba pode deixar o pênis mais duro e mais longo, mas, assim como a ereção, isso só dura algum tempo. Quando você para de usar a bomba, o pênis volta ao normal. O uso desse dispositivo pode causar problemas graves.
>
> Você não pode mudar o tamanho de seu órgão sexual com exercícios, hipnotismo, pílulas, cremes, bombas ou quaisquer outros recursos. Não se deixe enganar pelos anúncios. Parecem bons demais para ser verdadeiros – coisa que não são. Não jogue dinheiro fora. Esses produtos não funcionam; alguns podem até machucar o pênis.

Mito: Homens afrodescendentes têm pênis maior que homens de outros grupos raciais ou étnicos.

Fato: Pode haver algumas diferenças no tamanho do pênis, mas não são grandes. O comprimento médio do pênis ereto de um afrodescendente, de acordo com os estudos de Kinsey, era maior em um décimo se comparado ao comprimento médio do pênis ereto de homens brancos. Alguns estudos indicam que há pequenas diferenças entre outros grupos raciais ou étnicos.

Esperamos que esta seção tenha ajudado você a entender um fato básico. O tamanho de seu pênis só é indício de uma coisa: do tamanho de seu pênis. Tamanho não tem nada a ver com o tipo de amante, marido, atleta ou pai que você será. Também nada tem a ver com sua coragem ou masculinidade. Acredite.

O PÊNIS: CIRCUNCIDADO E NÃO CIRCUNCIDADO

Não é só o tamanho do pênis que varia de um menino para outro, ou de um homem para outro. A aparência também muda. Uma diferença básica é a circuncisão. (Circuncisão, lembre-se, é a cirurgia que remove o prepúcio do pênis.) Um pênis circuncidado tem um aspecto diferente do pênis não circuncidado.

O pênis da Figura 16 é circuncidado. Não tem o prepúcio. Dá para notar toda a glande, ou cabeça, do pênis. A *coroa* – a elevação de tecido arredondada em volta da borda da glande – é claramente visível.

O pênis da Figura 17 não é circuncidado. Tem o prepúcio intacto e não retraído. Ele cobre a coroa e toda a glande, exceto a ponta. (Algumas vezes, o prepúcio é mais comprido que o mostrado na figura. Outras, é mais curto. Um prepúcio mais curto cobre menos a glande. O prepúcio mais longo cobre uma parte maior e pode até se estender além da glande.)

Antigamente, grande parte dos bebês do sexo masculino eram circuncidados. Com o passar dos anos, as coisas mudaram. Cada vez mais meninos estão entrando na puberdade com o prepúcio ainda intacto. Atualmente, ouvimos muitas perguntas e dúvidas a respeito do prepúcio e do pênis circuncidado. A circuncisão não tem efeito algum sobre o desenvolvimento do garoto na puberdade. A puberdade é igual, quer você seja circuncidado ou não. Contudo, a operação afeta a aparência do pênis.

Nas páginas seguintes, nós lhe daremos um curso rápido sobre a anatomia do prepúcio. Explicaremos também como a circuncisão afeta o aspecto do pênis. Você verá que existem vários métodos para circuncidar. Alguns deixam uma parte maior do prepúcio. As cicatrizes também diferem em aparência.

O pênis não circuncidado

Em homens adultos não circuncidados, o prepúcio pode ser retraído. Isso significa que pode ser puxado para trás por sobre a glande, deslizando pela haste. Pode acontecer tanto com o pênis ereto como mole. O prepúcio também se retrai sozinho durante a ereção.

Em grande parte dos recém-nascidos, o prepúcio não pode ser retraído. Na verdade, na maioria dos casos, ainda está colado à glande. Quando o bebê está se desenvolvendo no ventre da mãe, o prepúcio e a glande estão presos por meio de um tecido conectivo. Assim ficarão até as células desse tecido conectivo começarem a se decompor. Esse processo pode começar antes do nascimento, mas geralmente leva alguns anos até se completar.

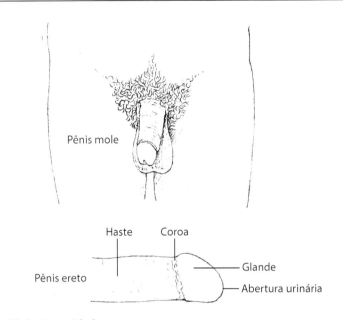

Figura 16. Pênis circuncidado

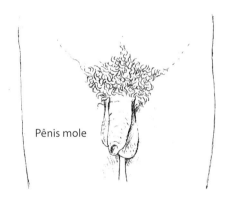

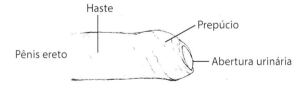

Figura 17. Pênis não circuncidado. Em ambas as ilustrações, o prepúcio não está retraído.

CIRCUNCISÃO – POR QUÊ?

Há muito tempo, a circuncisão tem sido um costume religioso de judeus e muçulmanos. A partir da segunda metade do século XIX, os médicos nos Estados Unidos e na Europa começaram a recomendar a circuncisão para todos os bebês. Eles acreditavam que a operação era indolor por causa do sistema nervoso "não desenvolvido" do recém-nascido. Também achavam que a circuncisão curava ou prevenia certas doenças. E a prática pegou.

Hoje em dia, sabemos que a operação não é indolor e que não cura nem previne a cegueira, a epilepsia ou a insanidade. Algumas das outras afirmações feitas em prol da circuncisão também se mostraram inverossímeis. Quando pais e médicos começaram a se pronunciar contra essa cirurgia, a circuncisão virou tema de debate. Hoje esse debate praticamente não existe mais na maior parte do mundo. Na Europa, por exemplo, só dois em cada cem bebês do sexo masculino são circuncidados. A maioria das circuncisões é feita por motivos religiosos, mas mesmo alguns pais judeus e muçulmanos têm optado por não submeter os recém-nascidos à cirurgia.

As pessoas favoráveis à circuncisão argumentam que ela ajuda a proteger contra o câncer de pênis, infecções do trato urinário em bebês e DSTs (doenças sexualmente transmissíveis – infecções que podem ser passadas por meio de contato sexual). Aqueles que são contrários refutam todas essas alegações. Ambos os lados apontam para estudos que comprovam seu ponto de vista.

No decorrer do processo, tanto a glande quanto o prepúcio perdem constantemente células da superfície. Essas células se dissolvem em pequenos ninhos ou pedaços, gerando pequenos espaços entre o prepúcio e a glande. As células eliminadas formam pequenas "pérolas", ou caroços arredondados, brancos ou ligeiramente amarelos, sob o prepúcio. As pérolas rolam entre as duas superfícies até saírem por baixo da abertura na parte de cima do prepúcio.

À medida que mais células são eliminadas, mais espaços são criados entre o prepúcio e a glande. Cedo ou tarde, há mais espaço que tecido conectivo. Poucas tiras aqui e ali ainda ligam a glande e o prepúcio. Por fim, estas também se dissolvem. Por último, a glande e o prepúcio se separam totalmente.

O prepúcio não pode se retrair por completo enquanto não se separar totalmente da glande. Mesmo após a separação, a abertura do prepúcio pode ser estreita demais para que ele seja puxado por cima da glande. Geralmente, porém, ele se estica nas ereções, e pelas ações do próprio menino. O resultado é que o prepúcio pode ficar totalmente retraído logo após se separar da glande.

O esticamento do prepúcio começa muito cedo, porque, mesmo quando bebezinhos, os garotos têm ereções, de vez em quando. Esse esticamento também é auxiliado pelo fato de que os meninos ainda pequenos "descobrem" seus órgãos genitais muito cedo. Meninos não circundados logo descobrem como é agradável sentir o prepúcio deslizar para trás e para a frente sobre a glande. Quando fazem isso, aos poucos esticam a abertura do prepúcio.

Estágios da retração do prepúcio em homens não circuncidados

Como dissemos, o prepúcio não se torna totalmente retrátil da noite para o dia. A glande e o prepúcio devem, antes, se separar. Mesmo depois disso, a abertura do prepúcio também deve estar suficientemente solta para ser puxada para trás sobre a glande. Todo o processo costuma durar vários anos. O tempo que isso leva difere de um menino para outro. Costuma acontecer lentamente, um pouco por vez. A Figura 18 mostra cinco estágios diferentes do processo. Se você não é circuncidado, a Figura 18 e as descrições abaixo o ajudarão a descobrir em que estágio você está agora. Alguns meninos não passam por todos eles.

- **Estágio 1:** O prepúcio não se retrai. Sua abertura é pequena e apertada. Esse é o estágio mais comum nos recém-nascidos. Mesmo garotos de 12 anos ou até mais velhos podem ainda estar nesse estágio. Porém, são poucos os de mais idade que ainda se encontram nele.
- **Estágio 2:** Nesse estágio, o prepúcio pode ser retraído o suficiente para ver a abertura urinária. É o estágio mais comum nos dois primeiros anos de vida. Em alguns casos, esse período pode durar até os 12 anos de idade ou mais. Contudo, menos de um em cada dez meninos com mais de 12 anos ainda se encontra no estágio 2.
- **Estagio 3:** Nessa fase, o prepúcio pode ser puxado mais para trás. Pode ser retraído até metade do caminho para a coroa, a borda em volta da base da glande. É o estágio mais comum durante os primeiros anos da infância. Muitos meninos na puberdade ainda se encontram no estágio 3.
- **Estágio 4:** O prepúcio pode ser puxado ainda mais para trás. Pode se retrair pouco acima da coroa, mas não sobre a própria coroa. É um estágio muito comum em meninos entre 8 e 11 anos, mas pode acontecer com bebês com menos de 1 ano e até em jovens com mais de 16.
- **Estágio 5:** O prepúcio pode ser totalmente retraído sobre a glande, permitindo que toda ela seja vista. A maioria dos meninos entre 11 e 15 anos se

encontra no quinto estágio. Alguns saem dele com 1 ano de idade, e outros com 18. Há casos, inclusive, de recém-nascidos cujo prepúcio pode ser totalmente retraído.

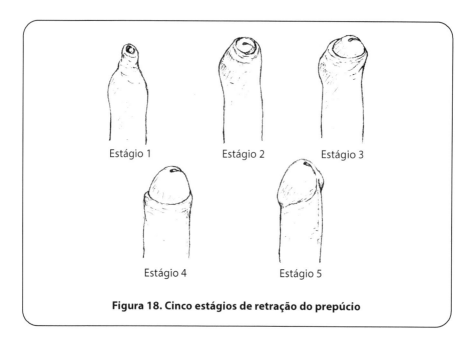

Figura 18. Cinco estágios de retração do prepúcio

Em alguns homens, o prepúcio nunca chega ao estágio 5. Os especialistas não entraram em um consenso sobre como lidar com isso. Alguns acham que não se deve mexer no prepúcio desde que ele não doa nem apresente qualquer outro problema. Outros dizem que é preciso fazer um tratamento para que ele retraia. Geralmente isso pode ser feito sem a circuncisão. (Ver *box* na página 71.)

Se seu prepúcio não retrai totalmente, não se preocupe. Mas, se lhe causar dor ou desconforto, consulte um médico. De modo geral, o problema pode ser tratado com um creme receitado pelo médico, que deve ser aplicado no prepúcio durante cerca de duas semanas. Se você não sentir dor, tente esticar a abertura do prepúcio. Comece puxando-o delicadamente para trás, com muito cuidado. Estique-o devagar, sem pressa. Um bom momento para fazer isso é durante o banho, quando você estiver ensaboado e em água morna. Não o force a ponto de sentir dor. Se forçar, poderá rasgar o tecido.

O prepúcio nunca pode ser retraído à força! A retração forçada pode deixar áreas machucadas ou ensanguentadas na glande e no prepúcio. Quando elas saram, podem-se formar "elevações da pele" ou adesões, ou seja, faixas de te-

> ## MANTENDO O PREPÚCIO
>
> Conhecimentos rotineiros básicos acerca do prepúcio e de como cuidar dele costumavam ser passados de pai para filho.
>
> O prepúcio praticamente desapareceu dos livros médicos. A maioria sabia muito pouco a respeito dele, exceto como removê-lo.
>
> Hoje em dia, já se tem mais conhecimento sobre o tema. Problemas com o prepúcio não são comuns, mas acontecem. Muitos médicos não hesitam em recomendar circuncisão, mesmo para os problemas menores. Em muitos casos, porém, essas complicações podem ser tratadas de modo menos drástico. Se você tiver algum problema e seu médico recomendar a cirurgia, procure uma segunda opinião, de um médico que seja "favorável ao prepúcio". Peça a seus pais ou responsáveis que o ajudem a encontrar um médico que entenda do assunto.

cido entre o prepúcio e a glande que podem impedir a retração. A remoção dessas áreas às vezes tem de ser feita pelo médico.

Além disso, se você forçar o prepúcio apertado a retrair, ele pode ficar preso atrás da glande. Se isso acontecer, não precisa entrar em pânico. Segure a glande com firmeza entre o polegar e os outros dedos e aplique pressão firme por uns dois minutos. Isso fará com que a glande diminua o suficiente para que o prepúcio volte para a frente e cubra a glande de novo. Um lubrificante do tipo gel também pode ajudar.

A anatomia do prepúcio

O prepúcio tem duas camadas de espessura, que podem deslizar para a frente e para trás uma sobre a outra. A camada superior, ou externa, é chamada de prepucio externo. A camada interior é chamada de prepúcio interno. Na Figura 17, você pode ver o prepúcio externo, mas não o interno. É preciso retrair o prepúcio, ou puxá-lo para fora da glande, se quiser ver a camada interna.

O prepúcio externo é, na verdade, apenas uma continuação da mesma pele que cobre a haste do pênis. Perto da ponta da glande, o prepúcio se dobra sobre si mesmo. Na dobra, há uma faixa de tecido elástico, enrugado, chamado de *faixa frenar*. (Ver Figura 19.)

A faixa frenar liga o prepúcio externo ao prepúcio interno. Geralmente ela tem uma coloração mais rósea, mais vermelha ou mais pronunciada que o resto do prepúcio.

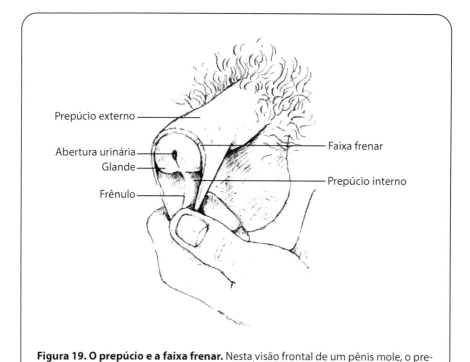

Figura 19. O prepúcio e a faixa frenar. Nesta visão frontal de um pênis mole, o prepúcio é puxado para baixo, mostrando o prepúcio interno e outras estruturas normalmente escondidas.

Essa faixa é muito elástica. Funciona como aquelas borrachinhas elásticas. Durante a retração, ela se estica o suficiente para deslizar sobre a glande e a haste. Quando o prepúcio é puxado para a frente, a faixa se contrai e a abertura volta ao tamanho normal.

A faixa frenar consiste em uma série de rugas, nas quais se encontram terminações nervosas especiais que reagem a pressões. São estimuladas quando o prepúcio se move para a frente e para trás sobre a glande.

O prepúcio interno não é pele, mas uma espécie de tecido que não existe em nenhuma outra parte do corpo. É de coloração rosa, vermelha ou outra cor acentuada; é úmido ao toque e muito sensível. Também possui terminações nervosas. Assim como a faixa frenar, é uma fonte de prazer sexual para os homens não circundados. O prepúcio interno é preso ao pênis embaixo da coroa da glande.

Na parte inferior da glande, há uma rede de tecido em forma de Y chamada *frênulo*. (Ver Figura 20.) Assim como a glande e o prepúcio interno, o frênulo tem muitas terminações nervosas. É uma parte muito sensível do pênis. Geralmente, é removido durante a circuncisão, embora uma parte fique intacta.

Quando o prepúcio externo se retrai, o interno aparece. A Figura 21 mostra como isso acontece. O prepúcio externo é puxado sobre a glande. Com isso, a faixa frenar também é puxada. Agora visível, esta se move sobre a haste, e o prepúcio interno se desenrola sobre a glande.

Quando o prepúcio está totalmente retraído, a faixa frenar fica mais ou menos no meio da haste. A glande é descoberta e toda a coroa fica exposta.

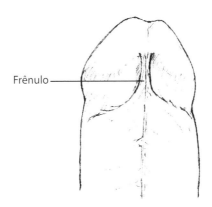

Figura 20. O frênulo. Nesta visão da parte de baixo do pênis, o prepúcio está retraído para mostrar o frênulo, em forma de "Y". A figura mostra o frênulo de cabeça para baixo.

O pênis circuncidado

Tenho uma faixa de pele no pênis. Parece um círculo em volta dele, mais ou menos para baixo. É esquisito. Por que eu tenho isso?

– Anônimo, caixa de perguntas

Tenho pele sobrando no pênis. Ela fica enrugada e amontoada sobre a cabeça [glande]. Há uma linha marrom que passa por ele. É normal? Sempre foi assim, desde que me lembro.

– Anônimo, caixa de perguntas

Esses meninos estão descrevendo a cicatriz da circuncisão. A pele extra que um deles descreve é o que sobra do prepúcio. Como dissemos, diferentes tipos de cirurgia deixam tipos diferentes de cicatrizes. Além disso, o corpo de cada um cicatriza de uma maneira.

A marca geralmente é mais fácil de ver quando o pênis está ereto. É mais evidente também em alguns homens que em outros. Contudo, na maioria dos homens circuncidados, há uma cicatriz visível que rodeia a haste do pênis. Em alguns casos, fica na parte superior da haste, perto da glande; em outros, está mais para trás na haste. A Figura 22 mostra a cicatriz da circuncisão.

Na área da cicatriz, a textura e a cor da pele podem ser diferentes do restante do pênis. Essa pele de coloração diferente é o que sobra do prepúcio interno. Alguns garotos têm pele solta amontoada atrás da glande. Isso também é normal. É apenas aquilo que restou do prepúcio.

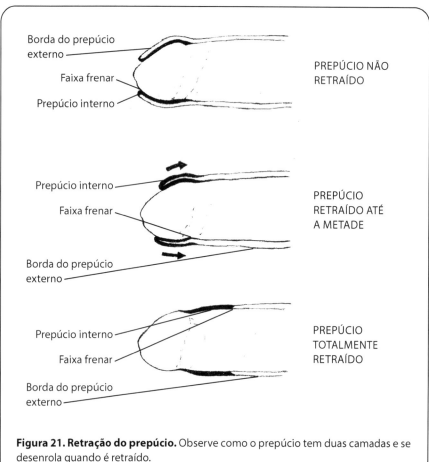

Figura 21. Retração do prepúcio. Observe como o prepúcio tem duas camadas e se desenrola quando é retraído.

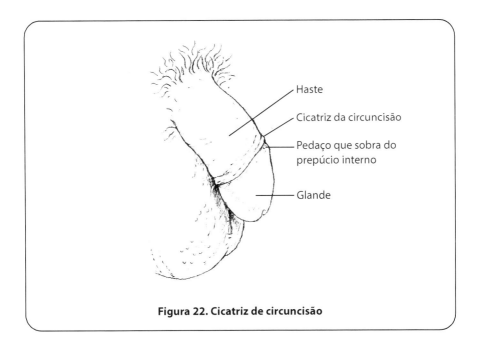

Figura 22. Cicatriz de circuncisão

Algumas operações de circuncisão deixam parte do frênulo. Aquilo que resta do pedaço de tecido em forma de Y pode ser visível na parte de baixo do órgão.

A glande de um pênis circuncidado tem aparência um pouco diferente da glande de um pênis não circuncidado. Em homens não circuncidados, o prepúcio protege a glande, que é mole, brilhante e úmida, como o tecido no interior da bochecha, da boca e por dentro da pálpebra. Em garotos circuncidados, sem a proteção do prepúcio, a glande é coberta por camadas de células grossas, secas e duras. O tecido não fica mais úmido e brilhante.

OUTRAS VARIAÇÕES NO PÊNIS

Independentemente de ser ou não circuncidados, os pênis diferem entre si em outros sentidos (ver Figura 23). Podem ser finos ou grossos, curtos ou longos; às vezes, as veias são visíveis na superfície. A cabeça (glande) pode parecer mais larga ou mais estreita que a haste. A forma da glande também varia. Tudo isso é normal.

O pênis pode ficar dependurado, inclinado para a esquerda ou para a direita. Ereto, pode ficar reto, ou também se inclinar para a esquerda ou para a direita. Também pode se curvar na direção do corpo ou do chão. O ângulo no qual ele se destaca do corpo também varia. Essas variações são descritas de maneira mais detalhada no capítulo 6.

Os meninos às vezes perguntam a respeito das *pápulas perláceas do pênis* e da *linfocele*. Claro que não usam esses termos, mas é disso que estão falando quando descrevem as seguintes condições:

- **Pápulas perláceas do pênis:** Alguns homens têm minúsculas protuberâncias róseas dispostas em fileiras em volta da coroa ou espalhadas pela glande. A "perlácea" do nome refere-se ao brilho. São mais comuns em homens mais jovens e podem desaparecer com a idade. São completamente normais. Não causam sintomas e não necessitam de tratamento médico.
- **Linfocele:** Às vezes, as glândulas linfáticas perto da coroa ficam bloqueadas e incham. Isso pode acontecer após uma contusão ou pelo excesso de atividade sexual. Frequentemente, porém, a causa não é evidente. Quando isso acontece, aparecem no pênis inchaços translúcidos, firmes, com aspecto de vermes, que somem sozinhos em poucas semanas e que não requerem tratamento médico.

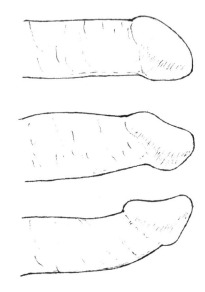

Figura 23. Diferentes formas do pênis. Há várias formas de pênis, essas são algumas delas.

CUIDADOS COM OS ÓRGÃOS SEXUAIS

Todos os garotos – circuncidados ou não – devem lavar os órgãos genitais diariamente. Os não circuncidados devem puxar o prepúcio para trás até o ponto em que for confortável. Se não puder ser retraído, não se preocupe. As "pérolas" entre o prepúcio e a glande farão a limpeza por você. Lave apenas o prepúcio externo.

Se o prepúcio for totalmente retrátil, limpe a glande, o prepúcio interno e toda a volta do sulco abaixo da coroa. O prepúcio produz *esmegma*, um lubrificante natural que o ajuda a deslizar suavemente para a frente e para trás. Caso se acumule sob o prepúcio, provoca odor desagradável. Enxágue bem qualquer esmegma que você notar.

Sabonetes podem ferir e irritar a glande e o prepúcio interno. Alguns especialistas recomendam que sejam evitados. Um bom enxágue com água deve ser suficiente. Se usar sabonete, escolha um que seja bastante suave.

O ESCROTO

O escroto pode ser menos ou mais descido que a ponta do pênis. Pode ter ou não pelos púbicos. Em homens adultos, o lado esquerdo do escroto geralmente é mais descido que o direito. O testículo do lado direito é ligeiramente maior que o esquerdo.

A rafe

Tenho uma linha que divide meus testículos e vai até a parte de trás do pênis. Parece uma cicatriz. Os outros têm isso também?

– ANÔNIMO, caixa de perguntas

Esse jovem esta perguntando a respeito da *rafe*. Trata-se de é uma estria que percorre o lado de baixo do pênis, prolonga-se até o centro da bolsa escrotal e segue até o ânus. Pode ser vermelha ou de coloração escura. É perfeitamente normal.

Todos os homens têm uma rafe. É mais visível em alguns que em outros. Os meninos pensam que isso tem a ver com a circuncisão, mas não é verdade – ela é apenas uma linha divisória, ou prega, que se formou quando você ainda estava se desenvolvendo na barriga de sua mãe.

Escroto "vazio": falta de testículo, testículos não descidos e retráteis

A bolsa escrotal pode ser vazia de um ou de ambos os lados em virtude da falta de um dos dois testículos. Há vários motivos que podem causar um escroto "vazio". Há casos – raros – em que um menino nasce com um só testículo. Uma contusão ou uma doença também podem agravar o funcionamento de um testículo a ponto de ele precisar ser removido. Mesmo com um testículo a menos, se o remanescente permanecer saudável, o rapaz se desenvolverá normalmente e sua vida sexual não será afetada. O testículo remanescente produzirá espermatozoides suficientes e ele poderá gerar uma criança.

Testículos *não descidos* e *retráteis* são duas outras condições que podem causar um escroto "vazio". Os testículos se desenvolvem dentro do abdômen. Normalmente, eles descem para o escroto antes do nascimento. Mas, às vezes, um ou ambos permanecem dentro do corpo. Na maioria dos casos, os testículos não descidos passam para a bolsa escrotal nos primeiros seis a doze meses da vida do bebê. Se não passarem, o bebê deve passar por uma cirurgia para puxar os testículos para o escroto.

Se isso não for feito, o testículo pode virar câncer. Antigamente, os médicos costumavam esperar até o menino ficar um pouco mais velho para operar. Contudo, sabemos hoje em dia que o testículo pode não se desenvolver bem se ficar muito tempo dentro do corpo. Portanto, a operação costuma ser feita quando o menino ainda é bebê ou mal começou a andar.

Antes da cirurgia, o médico deve verificar se o testículo não descido não é, na verdade, retrátil. Nessa condição, um ou geralmente os dois testículos sobem até a parte superior do escroto ou até para dentro do corpo. O tempo e o banho frios, a excitação ou a atividade física extrema podem fazer com que o testículo retraia para o corpo por algum tempo. Depois ele volta à sua posição normal.

Como esse problema geralmente se resolve sozinho quando o menino entra na puberdade, não é necessário tratamento. Mas o jovem com essa condição precisa consultar um médico regularmente para um *check-up*. Em alguns casos, um testículo retrátil não volta sozinho e o médico não consegue puxá-lo para o escroto. Pode acontecer também de o testículo ficar retrátil a maior parte do tempo. Nesses casos, é realizada uma cirurgia para manter o testículo no lugar.

Esperamos que este capítulo tenha respondido às suas perguntas sobre seus órgãos sexuais. No capítulo seguinte, abordaremos o estirão de crescimento na puberdade.

4
O ESTIRÃO DE CRESCIMENTO DA PUBERDADE

Os SAPATOS QUE VOCÊ COMPROU NO MÊS PASSADO estão muito pequenos? Sua calça *jeans* praticamente nova parece mal chegar aos tornozelos? Nesse caso, você provavelmente está passando pelo estirão de crescimento da puberdade.

Na puberdade, passamos por um período de crescimento muito rápido. Ganhamos peso e ficamos mais altos. Esse período de crescimento super-rápido é chamado de *estirão de crescimento da puberdade*. Tem início em idades diferentes para cada menino. É mais acentuado em alguns que em outros, mas todos crescem muito nessa fase. Esse estirão geralmente dura alguns anos, e de repente o índice de crescimento desacelera e para.

Neste capítulo, falaremos de vários aspectos desse estirão de crescimento. Dois deles são a altura e o peso, mas, além de você ficar mais alto e pesado, algo mais acontece na puberdade. Você fica mais forte. Em parte, isso ocorre porque seus músculos ficam maiores. Mas, como você verá neste capítulo, essa não é a única razão para seu aumento de força.

Enquanto você amadurece e cresce, certas partes do corpo crescem mais que outras. Resultado: o rosto e o corpo podem parecer muito diferentes de antes da puberdade. Você começa a parecer mais adulto e menos criança!

Também enquanto você estiver crescendo e se desenvolvendo em vários sentidos, uma alimentação equilibrada e exercício físico são de vital importância. Mas muitos jovens não fazem nem uma coisa nem outra. As dietas alimentares que seguem não têm as vitaminas e os minerais necessários e não se exercitam o suficiente. Esses problemas podem ter um efeito particularmente ruim nos ossos de um indivíduo jovem. Durante a puberdade, você desenvolve força óssea, que perdurará pela vida toda. Se não desenvolver massa óssea suficiente nesses anos, poderá ter problemas mais tarde. Por isso, neste capítulo também falaremos da alimentação e do exercício apropriado durante os anos da puberdade.

A ALTURA

Antes de entrar na puberdade, o garoto cresce em média cerca de seis centímetros por ano. Quando começa o estirão de crescimento, esse índice aumenta. A velocidade em que fica mais alto quase dobra; o garoto ganha quase dez centímetros num único ano. Em média, ele adquire mais ou menos de 23 a 28 centímetros em altura durante o estirão de crescimento da puberdade.

O estirão costuma durar de três a quatro anos. Depois, o ritmo desacelera novamente. Isso não significa que o menino para de crescer. A maioria dos garotos continua crescendo até mais ou menos os 19 anos. Alguns crescem até os 20. Mas o período de crescimento extrarrápido dura apenas alguns anos.

Eu vou ser alto?

Não se pode saber com certeza qual será a sua altura, mas podemos lhe dar algumas dicas.

Sua altura *antes* do estirão de crescimento é uma pista. Se você tem baixa estatura enquanto criança, provavelmente continuará sendo baixo como adulto. Do mesmo modo, as crianças altas tendem a se tornar adultos altos. Mas não se trata de uma regra *definitiva*. Conversamos com muitos homens que eram os mais baixos da classe antes da puberdade, mas depois se tornaram os mais altos.

Você pode ter uma ideia melhor de sua altura adulta se seguir os passos descritos a seguir. Antes, porém, precisa saber a altura de sua mãe e de seu pai. (Para esse exercício, outros responsáveis, tais como pais adotivos etc., não servem. Você precisa saber a altura de seus pais biológicos.)

1. Adicione 12,5 centímetros à altura de seu pai.
2. Adicione a altura de sua mãe ao resultado que você obteve no item 1.

3. Divida o resultado do item 2 por dois. O resultado é a sua altura adulta estimada.

Exemplo: o pai de Greg tem 1,80 metro; a mãe tem 1,62 metro.

1. Primeiro, adicione 12,5 centímetros à altura do pai. O resultado é 1,92 metro.
2. Agora adicione a altura da mãe (1,62 metro). O resultado é 3,54 metros.
3. Agora divida o resultado por dois. A altura estimada de Greg é 1,77 metro.

É bem provável que seus pais não tenham a mesma altura que os pais de Greg. Por isso, você terá que fazer o cálculo com a altura correta de seus pais. Lembre-se, no entanto, de que o resultado no item 3 é apenas uma estimativa. Sua altura real pode ser superior ou inferior a ele.

Contos e histórias de altura

O homem mais alto que já existiu tinha 2,72 metros de altura. O mais baixo não tinha mais que 67 centímetros. Mas foram casos muito raros. A maioria dos homens (nove em cada dez) terá algo em torno de 1,67 metro e 1,90 metro. A altura média dos homens é 1,77.

Perguntamos: "O que você mais gostaria de mudar em seu corpo?"

"Minha altura" foi a segunda resposta mais citada, só perdendo para o tamanho do pênis. Ninguém queria ser mais baixo. Quase todos gostariam de ser mais altos. Mesmo os homens alguns centímetros mais altos que a média disseram que "não se incomodam" por ser assim. Um homem mais baixo que a média disse:

Tenho só 1,67 metro de altura. Ser baixo sempre me incomodou. As pessoas fazem piadas, chamam você de "camarão" ou "baixote". Tenho boa coordenação e sou bom nos esportes, mas a pouca altura me dificultava para entrar no time da escola. Acho que compensava isso praticando levantamento de peso e luta livre. De certa forma, porém, agora que sou mais velho, parece que a pouca altura me trouxe benefícios: passei a me dedicar ao condicionamento físico e a desenvolver um corpo forte, musculoso – um hábito que tenho até hoje. Estou em ótima forma física, aindo malho, enquanto muitos caras da minha idade estão acima do peso e flácidos, fora de forma. Sou mais saudável que muitos deles. Se eu fosse mais alto, talvez não teria cuidado tão bem de minha forma e de meu corpo. Mesmo assim, para ser sincero, ainda gostaria de ser mais alto.

— HAROLD, 34

Homens muito altos nem sempre gostam de sua altura:

Tenho dois metros de altura. Estou sempre olhando para baixo para conversar com as pessoas, e todo mundo vive fazendo perguntas idiotas, do tipo: "Está muito frio aí em cima?" Já era alto assim aos 14 anos. Sempre me senti uma aberração. Curvava-me para não parecer tão alto. Minha mãe vivia gritando comigo, para que eu me endireitasse. Ainda tenho uma postura horrível. Estou na casa dos 40 agora, e isso já não é mais tão ruim, exceto por alguns inconvenientes, como, por exemplo, bater a cabeça e tentar caber nos carros. Mas esse problema não é mais como na adolescência. Naquela época, me incomodava muito, era difícil ser diferente.

— FRANK, 43

Alguns homens têm uma atitude positiva. Não se importam de ser mais baixos que a média:

Sempre fui baixo, mesmo quando criança. Tive, portanto, bastante tempo para me acostumar. Para mim, isso não é um problema, como para alguns caras. Conheço muitos sujeitos de baixa estatura que são arrogantes, vivem na defensiva, falam alto ou bancam o palhaço, ou são agressivos. Estão, na verdade, compensando pelo fato de serem baixos, agindo como homens grandes para serem notados. É como se não fossem vistos por causa da pouca altura. Mas eu não sinto essa necessidade. Sou baixo e fico bem na minha. Mas sinto que as pessoas me notam porque estou bem comigo mesmo. Acho que as pessoas percebem ou sentem essa satisfação quando você vive em paz e se aceita como é.

— RICK, 39

Rick explicou ainda que ser baixo pode causar problemas na hora de namorar.

Há uma espécie de regra segundo a qual o homem tem que ser mais alto que a mulher. Todas as meninas sempre foram mais altas que eu. Percebi, logo cedo, que eu não podia prestar atenção a essa regra, porque, se só convidasse para sair comigo meninas mais baixas... bem, eu não teria saído muito. Então, simplesmente ignorei essa regra, e convidava quem eu quisesse.

Ouvia recusas às vezes, só por causa de minha altura. Houve meninas, e até mulheres adultas mais tarde, que, embora saíssem comigo, se incomodavam por eu ser baixo. Usavam sapatos de salto baixo, quando provavelmente prefeririam salto alto. Mas, certa vez, me envolvi com uma pessoa com a qual a altura virou brincadeira, e nunca foi problema. É verdade que muita gente segue essa regra de o homem ter de ser mais alto. Ela afeta as pessoas. Talvez seja um pouco mais difícil namorar, encontrar uma garota que não se incomode com isso. Minha mulher, aliás, é quase treze centímetros mais alta que eu, e usa salto alto. Nossa diferença de altura não a incomoda. Mas é uma coisa que quebra a regra e as pessoas nos olham. Acho que esse é um problema delas.

– RICK, 39

Rick tem uma atitude saudável em relação a si próprio: não se preocupa com o que os outros pensam. Mas é inevitável: nossa sociedade dá muita importância à altura do homem. Na verdade, muitas pessoas têm preconceito contra homens de baixa estatura. Provavelmente, você conhece o preconceito racial – as pessoas que têm esse preconceito discriminam indivíduos de cor de pele diferente da delas. O preconceito contra homens baixos não é tão evidente quanto o racial, mas existe. Por exemplo, dois homens estão se candidatando a um emprego. Estudos mostram que o homem alto tem mais chances que o baixo de conseguir a vaga simplesmente por ser alto.

Como muitas pessoas (mas não todas) têm esse preconceito, não é de surpreender que homens de baixa estatura digam que gostariam de ser mais altos. A verdade é que não há muito que se possa fazer quanto à altura de uma pessoa. Mas você *pode* lidar com a situação. Você pode ser tudo que quiser ser. Não precisa ter 1,80 para ser um bom amigo. Não há exigência de altura para um homem ser engraçado, inteligente ou um bom atleta. Talvez você não possa mudar sua altura, mas é claro que pode alcançar seus objetivos!

PÍLULA PARA CRESCER?

Não, não existe uma pílula mágica para deixá-lo mais alto. Mas os cientistas já são capazes de fazer *hormônios* do crescimento de forma injetável. O hormônio do crescimento é uma substância química produzida pelo corpo que ajuda a controlar nosso crescimento e desenvolvimento.

Os médicos usam esse hormônio para tratar alguns problemas médicos, por exemplo, para tratar crianças cujo corpo não produz hormônios de crescimento em doses suficientes. Esses meninos e meninas são mais baixos que o normal. O problema é tratado bem antes da puberdade. Esse hormônio também é usado para tratar crianças com outras doenças que afetam a altura.

Antigamente, alguns médicos prescreviam hormônio do crescimento a crianças perfeitamente saudáveis, mas que eram muito baixinhas. Isso não é mais recomendável. Ele pode acelerar o crescimento de uma criança por um ou dois anos, mas provavelmente não a deixará mais alta quando for adulta. Além disso, esse tipo de hormônio pode causar efeitos colaterais, como problemas no fígado. É por isso que a maioria dos médicos acha que ele não deve ser usado, a menos que haja falta do hormônio produzido naturalmente ou alguma doença que afete o crescimento.

Pense nos vários homens mais baixos que a média que se tornaram famosos: atores como Michael J. Fox e Tom Cruise; imortais do basquete como Phil Rizzuto e Ty Cobb, entre muitos outros. Saber de tudo isso é uma coisa, mas, quando você de fato acredita nisso, se sente bem consigo mesmo, independentemente de ser baixo ou alto.

Os pés primeiro

Você fica mais alto porque o estirão de crescimento alonga os ossos em seu tronco e pernas. Alguns ossos começam o estirão de crescimento antes dos outros. Os ossos dos pés, por exemplo, começam a crescer antes. Os pés chegam ao tamanho adulto antes de você alcançar a idade adulta. Em seguida, os ossos do antebraço e da parte inferior da perna também crescem mais. Esse crescimento é seguido pelos ossos do braço e da coxa. O tronco é a última parte do corpo a entrar na idade adulta. Quando isso acontece, você já está em sua altura plena.

DORES DO CRESCIMENTO E ESCOLIOSE

As *dores do crescimento* podem ser muito incômodas! Não são severas, mas tampouco divertidas. São mais comuns aos 13 anos de idade, mas meninos mais novos ou mais velhos às vezes também as têm.

Não são constantes. Elas vêm e vão, e deixam uma sensação dolorida chata. São sentidas na parte de trás dos joelhos, nas coxas ou nas canelas. Também podem se manifestar nos braços, costas, virilhas, ombros ou tornozelos. Os médicos não têm certeza do que causa as dores do crescimento.

Geralmente, não requerem tratamento. Acabam desaparecendo sozinhas. Enquanto isso não acontece, massagens, panos quentes e analgésicos (não aspirina) proporcionam certo alívio. Se a dor for forte e não diminuir, procure um médico, para checar se há uma causa mais séria.

Escoliose é outro problema do "crescimento". Trata-se de uma curva anormal na coluna – diferente da curva pronunciada, para a frente, própria da má postura. A escoliose é uma curva para a esquerda ou para a direita e pode fazer com que um dos lados do quadril ou um dos ombros seja um pouco mais alto que o outro. Ou a curva pode ter forma de "S". Às vezes, uma das escápulas se destaca mais que a outra, ou o corpo tem certo desvio. Escoliose tende a ser problema de família, mas, na maioria dos casos, a causa é desconhecida.

Muitos casos são leves e não necessitam de nada além de exercícios simples. Mesmo que os exercícios não corrijam a curvatura propriamente dita, podem ajudar a tirar a dor resultante do desequilíbrio corporal, causado, por sua vez, pela curvatura. Em casos graves, o tratamento pode exigir o uso de cintas ou coletes. Hoje, esses coletes são leves e menos desconfortáveis que antigamente e podem ser usados debaixo da roupa, sem serem notados. Os casos mais sérios podem requerer cirurgia.

A escoliose é mais fácil de corrigir se for tratada logo. É importante checar seus primeiros sinais, mesmo antes da puberdade. Um médico poderá ajudá-lo com isso, examinando sua coluna vertebral.

O PESO

Durante o estirão de crescimento da puberdade, você ganha peso, além de ficar mais alto. Aliás, é na puberdade que os meninos costumam ter o maior aumento de peso. Esse peso extra é chamado de "salto no peso". Isso se deve, em parte, ao crescimento dos ossos e órgãos internos. Mas também é causado pelos músculos, que ficam maiores nesse período da vida.

Assim como o estirão na altura, o salto no peso dura de três a quatro anos. Depois, o índice de aumento de peso desacelera. Com o salto no peso, um garoto pode ganhar até nove quilos em um único ano. No decorrer de todo o salto, o ganho médio em peso é de vinte a 25 quilos. Claro que nem todo mundo vive na média; você pode ganhar menos ou mais peso, mas a maioria dos jovens deverá ganhar entre dezoito e 27 quilos durante o período.

MUDANÇA DE FORMA

Se o crescimento fosse apenas uma questão de aumentar o tamanho, os adultos teriam aparência de bebês gigantes. (Às vezes, podemos até *agir* como bebês, mas os adultos não se *parecem* com bebês grandes.) Algumas partes de nosso corpo, porém, crescem mais que outras, de modo que as *proporções* do corpo mudam. Em outras palavras, há uma mudança no tamanho de certas partes em relação a outras.

A ilustração do homem adulto e do bebê na Figura 24 mostra ambos com a mesma altura, o que nos facilita perceber como as proporções do corpo mudam. Por exemplo, a cabeça do bebê é grande, em comparação a outras partes de seu corpo; corresponde a um quarto de sua altura.

Veja também como a cabeça é larga, comparada com os ombros. No bebê, a cabeça tem quase a mesma largura dos ombros. No homem, a cabeça não chega nem perto da largura dos ombros. No homem, as pernas também correspondem a quase metade de sua altura. As pernas do bebê são uma parte muito menor de seu tamanho total.

A puberdade causa mudanças enormes nas proporções de nosso corpo. As pernas crescem bastante durante o estirão de crescimento. E como os ombros de um garoto ficam mais largos, os quadris parecem mais estreitos, comparativamente. Os ombros também ficam mais musculosos; aliás, os músculos do corpo todo do menino ficam mais desenvolvidos, principalmente os das coxas, panturrilhas e braços. Seu corpo todo começa a parecer menos infantil e mais adulto.

Até as proporções do rosto mudam: a parte inferior fica mais alongada e o queixo, mais pronunciado. A linha entre o cabelo e a testa passa mais para trás, e a testa fica mais larga. O resultado é que o rosto do jovem fica mais longo, mais estreito e menos rechonchudo que na infância e, assim como o corpo, adquire um aspecto mais adulto.

Como você se vê no espelho todos os dias, essas mudanças podem não ser tão evidentes, mas observe algumas fotos suas de anos anteriores e notará a diferença. É claro que as mudanças no rosto são mais acentuadas em alguns rapazes que em outros.

FORÇA FÍSICA

A força física de um garoto aumenta durante a puberdade. É nessa época que os meninos começam a ficar mais fortes que as meninas. Normalmente, um rapaz de 16 anos tem o dobro da força de quando tinha 12.

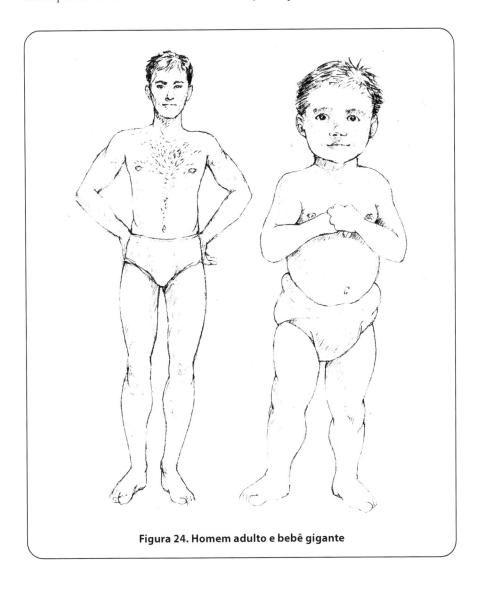

Figura 24. Homem adulto e bebê gigante

Parte desse aumento de força deriva de um aumento no tamanho dos músculos. Eles ficam maiores durante o estirão de crescimento da puberdade. Aliás, o tecido muscular corresponde a boa parte do peso que os meninos ganham nessa fase.

Entretanto, só o tamanho dos músculos não basta para explicar o aumento de força de um garoto. Esse aumento se deve, em parte, à produção de *testosterona*.

A testosterona é um hormônio produzido nos testículos. Na puberdade, o menino começa a produzir quantidades maiores desse hormônio, o qual é responsável pelo crescimento do pênis, dos pelos faciais e púbicos, além de muitas outras mudanças. Na verdade, é esse hormônio que causa o aumento e as alterações do tecido muscular. Assim, a testosterona não só torna os músculos maiores, mas também os faz funcionar melhor, aumentando a força deles.

Mas isso não acontece de forma rápida. Primeiro, os músculos aumentam de tamanho e, alguns meses depois, ganham força.

Normalmente, o salto em força ocorre mais tarde na puberdade, após o estirão em altura e o aumento de peso. Nessa fase, os órgãos sexuais costumam estar bem desenvolvidos. O aumento de força continua mesmo depois dessa fase, quando o rapaz entra nos seus 20 anos.

Tipos básicos de corpo

Nem todos os meninos com o mesmo peso têm força física igual. Alguns podem ser mais fortes porque se mantêm em boa forma e praticam mais exercícios. Mas, por mais que se exercitem, alguns garotos nunca serão tão fortes quanto outros. A diferença tem a ver com os tipos básicos de corpo.

Alguns meninos acham que não são suficientemente musculosos ou pensam que estão acima do peso quando, na verdade, não estão. Eles desconhecem os tipos de corpo. São três os tipos básicos. (Ver Figura 25.)

- **Endomorfo:** o indivíduo tem um corpo mais arredondado, com mais gordura e curvas mais suaves.
- **Ectomorfo:** aquele cujo corpo é esbelto, menos curvilíneo e mais angular.
- **Mesomorfo:** tem o corpo mais musculoso, com ombros largos e quadris relativamente esbeltos.

Se você é do tipo endomorfo, é importante saber que seu corpo deve realmente ser mais arredondado. Pode estar em boa forma física, mas parece menos musculoso que seus amigos ou colegas que são mesomorfos. Quilo por quilo, os mesomorfos têm mais tecido muscular que os endomorfos ou ectomorfos.

Os modelos bonitos das revistas ou da televisão podem ter um tipo de corpo mais musculoso que o seu. Nesse caso, você nunca será parecido com eles, por mais que se exercite. Antes de concluir que você não é suficientemente musculoso, leve em conta seu tipo físico.

Até certo ponto, você pode mudar a forma de seu corpo por meio de dietas e exercícios. Se você é magro, pode ganhar peso. Se é gordo, pode fazer regime e praticar exercícios para seu corpo perder parte do tecido gorduroso. Quando estiver produzindo testosterona suficiente, poderá desenvolver os músculos fazendo musculação e levantando peso. (Contudo, leia a seção seguinte, "Treino com pesos", antes de tentar erguer cem quilos.) Lembre-se, porém, de que seu corpo tem uma forma básica que não pode ser mudada, independentemente de quanto exercício você fizer.

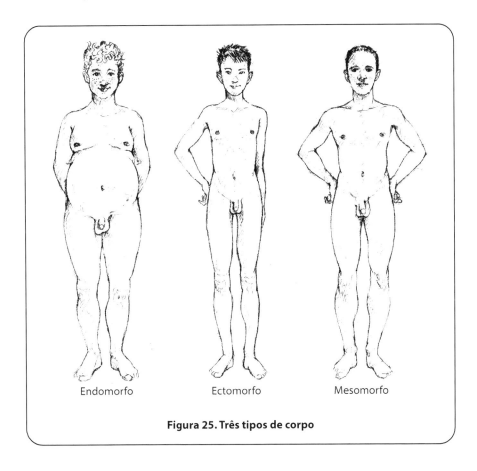

Figura 25. Três tipos de corpo

Treino com pesos

Treinar com pesos significa fazer musculação em academia com equipamentos de levantamento de peso. Esse tipo de exercício também se chama treinamento de força. Como qualquer outra atividade física, oferece diversos benefícios. (Muitas pessoas são preguiçosas!) Se você está pensando em fazer musculação, nosso conselho é "Vá em frente!"

Mas (você sabia que haveria um "mas", não sabia?) não espere ficar com os músculos proeminentes enquanto não entrar nos últimos estágios da puberdade. Você simplesmente não consegue ter músculos desenvolvidos enquanto seu corpo não produzir testosterona suficiente.

Além disso, você precisa fazer musculação da maneira certa. Do contrário, causará sérios danos a seu corpo e isso poderá inibir seu crescimento. Veja por quê: durante o estirão de crescimento, os longos ossos dos braços e das pernas crescem demais. O crescimento se dá nas extremidades desses ossos, que são macias e, por isso mesmo, sujeitas a contusões. Acidentes ou outras lesões podem quebrar essa parte macia ou separá-la do restante do osso. O resultado é um crescimento interrompido ou irregular. Um braço ou perna feridos podem, por exemplo, ficar mais curtos que o outro.

ESTEROIDES

Os *esteroides* são uma classe de hormônios produzidos pelo corpo. A testosterona é um exemplo de esteroide. Na década de 50, esteroides artificiais foram desenvolvidos para uso no tratamento de câncer e outras doenças graves.

Alguns garotos, e homens também, tomam essas drogas para o corpo desenvolver músculos maiores. Mas os esteroides são perigosos, principalmente na puberdade. Podem inibir o crescimento normal do corpo, além de fazer os testículos encolherem e as mamas aumentarem. Também podem causar oscilações no humor e comportamento violento, além de outros problemas mentais. No fim das contas, podem aumentar o risco de ataque cardíaco e câncer de fígado.

Os esteroides geram dependência e são difíceis de largar. Por causa de todos esses problemas médicos, os atletas que participam de importantes competições, como as Olimpíadas, passam por testes de detecção de esteroide, sendo desclassificados se tiverem feito uso dessas substâncias. Não é uma boa ideia usar esteroides. Se quiser ficar musculoso, obterá resultados melhores com a dose certa de exercícios.

No estirão do crescimento, seus ossos estão crescendo no ritmo mais acelerado. Podem ocorrer contusões também no ponto em que o músculo se prende à parte em crescimento do osso. Isso é menos grave que as separações e rupturas, mas requer tratamento médico.

Por causa dos riscos, o treino com pesos só deve ser feito num programa sob cuidadosa supervisão. (Nunca faça sozinho.) Antes de começar qualquer programa de exercícios, converse com um médico a respeito do tipo e da intensidade da atividade que são seguros para você, em seu estágio de desenvolvimento. Depois, trabalhe com seu instrutor ou professor em um programa de treino específico. Siga sempre as orientações do médico e do instrutor.

CUIDADOS COM O CORPO

Comer bem e se exercitar

Para crescer, seu corpo precisa de quantidades suficientes de vários nutrientes. Para obtê-las, você deve ingerir alimentos variados. A Figura 26 mostra que tipos de alimentos você deve comer diariamente e em qual quantidade.

Seus ossos ficam mais grossos e mais fortes no decorrer da puberdade. Para o crescimento apropriado, eles precisam de muitos minerais, como *cálcio* e *zinco*, e também de vitaminas, como a vitamina D, que leva cálcio aos ossos. A falta desses minerais e vitaminas pode inibir seu crescimento e enfraquecer seus ossos em caráter permanente.

Na verdade, em relação aos ossos, a puberdade é o período mais importante da vida. É quando você desenvolve a estrutura óssea que o sustentará para sempre. Quando você ficar mais velho, parte do processo natural da idade será o enfraquecimento dos ossos. Na puberdade, você faz "depósitos" em seu "banco de ossos". Em fases posteriores da vida, precisará sacar desses depósitos realizados na juventude. Se você não desenvolver ossos fortes na puberdade, poderá ter problemas depois.

Estudos mostram que os meninos só têm ingerido metade do cálcio necessário em sua alimentação. Médicos e outros profissionais da saúde se preocupam com os efeitos disso em longo prazo. Para evitar problemas no futuro, você precisa garantir cálcio suficiente em sua dieta, com alimentos como leite desnatado e de soja fortificados com cálcio, iogurte, queijo, laticínios de modo geral, cereais e suco de laranja fortificados com cálcio, brócolis, couve, vagem e tofu. Adolescentes devem ingerir no mínimo 1.300 miligramas de cálcio por dia. Um copo com aproximadamente 226 gramas de leite desnatado e fortificado contém cerca de trezentos miligramas. O suco de laranja fortificado geralmente proporciona a mesma quantidade de cálcio que o leite desnatado fortificado. (É fácil saber quais alimentos são fortificados com cálcio, vem escrito na embalagem – e geralmente com letras grandes.) Se você não pode ou não gosta de tomar leite, peça ao médico um suplemento, para ter certeza de que vai ingerir a quantidade correta de cálcio.

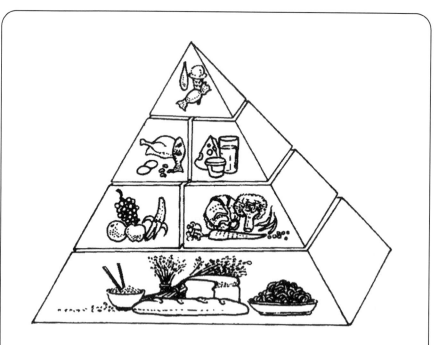

Figura 26. A pirâmide alimentar. A pirâmide alimentar é um guia para a escolha de uma dieta alimentar saudável. O *box* na página seguinte sugere o número de porções adequadas para cada um dos seis grupos de alimentos. Varie sua dieta, escolhendo comidas diferentes de cada grupo. Isso contribui para um equilíbrio correto de vitaminas, minerais e outros nutrientes benéficos. Nos diferentes grupos de alimentos, há uma margem para o número de porções – por exemplo, 6-11 para o grupo dos pães, cereais, arroz e massas. O número menor é para uma dieta de 1.600 calorias por dia, e o maior, para uma dieta de 2.800 calorias diárias. Em média, o adolescente precisa de 2.200 a 2.500 calorias por dia, devendo consumir entre o número médio e o nível máximo de porções.

UMA PORÇÃO EQUIVALE A QUANTO?

Grupo dos pães, cereais, arroz e massas (6-11 porções)
- Uma fatia de pão
- Aproximadamente 30 g de cereais prontos para consumo (uma a duas xícaras, veja na embalagem)
- Meia xícara de cereais cozidos, arroz ou massa
- Meio pão de hambúrguer, baguete ou bolinho
- Três ou quatro bolachas salgadas (pequenas)

Grupo dos legumes e vegetais (3-5 porções)
- Uma xícara de folhas verdes cruas
- Meia xícara de outros legumes, cozidos ou picados crus
- Três quartos de xícara de suco à base de soja

Grupo das frutas (2-4 porções)
- Uma maçã média, banana, laranja, nectarina ou pêssego
- Meia xícara de fruta picada, cozida ou em compota
- Três quartos de xícara de suco de frutas

Grupo dos laticínios – leite, iogurte e queijo (2-3 porções)
- Uma xícara de leite ou iogurte
- Aproximadamente 45 g de queijo natural
- Aproximadamente 60 g de queijo processado

Grupo das carnes, aves, peixes, feijões secos, ovos e nozes (2-3 porções)
- Aproximadamente 60 a 90 g de carne magra cozida, ave ou peixe (meia xícara de feijões cozidos, um ovo ou duas colheres de sopa de pasta de amendoim equivalem a aproximadamente 30 g de carne magra)

Grupo das gorduras, óleos e doces (consumir com moderação)
- Não existe uma recomendação especial para este grupo porque a ideia é usar açúcar e óleo com moderação e evitar carnes gordurosas, bem como outros alimentos ricos em gordura. Entretanto, um pouco de óleo ou gordura é necessário para uma boa saúde. Eles fornecem energia e ácidos graxos essenciais, além de proporcionarem a absorção de vitaminas solúveis em gordura.

Exercícios

Além de comer bem, todas as pessoas precisam praticar exercícios regularmente. Como o coração e os pulmões aumentam durante a puberdade, o corpo suporta mais exercícios e *precisa* deles. A atividade física ajuda você a alcançar seu melhor peso. Na verdade, o sedentarismo pode ser o fator determinante para o aumento de peso. É até mais determinante que o excesso de comida.

O exercício físico, porém, é mais que uma mera ferramenta para ajudá-lo a desenvolver os músculos e manter o peso. Ele fortalece o coração, aumenta o nível de energia e envia mais oxigênio a todas as partes do corpo. Os exercícios também ajudam a depositar cálcio nos ossos. Isso é particularmente importante para os adolescentes. Como já foi dito, a adolescência é a fase em que você desenvolve a massa óssea que o sustentará pela vida inteira.

Participar de atividades esportivas pode ser uma excelente fonte de exercícios. Talvez sua escola exija um exame médico antes de autorizá-lo a entrar num programa de esporte. Se não exigir, ainda assim é bom consultar um médico. Provavelmente ele o autorizará. Mas, se houver alguma restrição, convém você descobrir o problema antes de iniciar os treinos.

Como já mencionamos, a puberdade é o período em que os ossos em crescimento são propensos a contusões. Outros atletas enfrentam os mesmos problemas que os rapazes que praticam levantamento de peso. Se qualquer atividade física ou esportiva (como arremesso ou corrida) provocar dor, converse com seu treinador ou médico. Talvez só precise de alguma mudança em seu ritmo de treinos. Lembre-se: é importante tomar cuidado com o corpo em crescimento.

Fumo, álcool e outras drogas

Seu corpo não pode ser saudável se você usa drogas, álcool ou fuma. Você já deve ter aprendido na escola sobre os perigos dessas substâncias. É especialmente importante evitá-las durante a puberdade, quando seu corpo está crescendo. O álcool, por exemplo, tira do corpo o zinco necessário para o desenvolvimento de ossos fortes.

Talvez você sinta muita pressão dos colegas para fumar, usar drogas ou beber. Além dessa pressão, ainda precisa resistir aos apelos das propagandas, que forçam você a beber e a fumar.

Provavelmente você sabe que o cigarro vicia. Depois que se começa a fumar, é muito difícil parar. Talvez você também saiba que a maioria dos fumantes começa a fumar na adolescência. Do ponto de vista das empresas desses tipos de produtos, os anos da adolescência são importantes, pois é o período em que têm a melhor chance de fisgar o futuro fumante inveterado.

Estudos mostram que as pessoas que seguem um estilo de vida saudável na adolescência tendem a permanecer em boa forma durante a vida toda. Não consumir bebidas alcoólicas, não fumar nem usar drogas, comer bem e se exercitar regularmente são os ingredientes desse estilo de vida saudável.

SENTIR-SE BEM COM O PRÓPRIO CORPO

Neste livro, quando falamos de um corpo saudável, queremos dizer um corpo bom. Seria ótimo se todos nós pudéssemos olhar para o próprio corpo e dizer "puxa, eu gosto da minha aparência". Contudo, vivemos numa sociedade em que a competição é um modo de vida. As pessoas competem, as empresas competem, os países competem. Estamos sempre nos comparando e competindo para ver quem é o melhor. Mas quem decide isso?

A maioria das pessoas tem uma ideia de como é o "melhor" ou o "mais atraente" corpo masculino com base no que aparece em fotos em revistas, *outdoors*, na tevê e no cinema. Vemos em vários lugares imagens exibindo homens altos, com músculos fortes e proeminentes. Geralmente, eles são bonitos, atraentes, esbeltos, têm peito largo e nenhuma espinha. Como você já deve ter notado, não há muitos homens assim.

Mas, se você se basear na mídia, pode não saber disso. A mídia nos bombardeia com imagens desses homens. Você pode achar que seu corpo tem algo errado, se comparado ao deles. Se você não se parece com esses homens, pode ficar desgostoso com sua aparência. Afinal, esses são os heróis dos filmes. São eles que ficam com as garotas e sempre têm sucesso. Que mensagem isso transmite aos homens que não são altos, musculosos ou particularmente bonitos? Com todas essas imagens de "gatos" perfeitos, é fácil um jovem pensar que o tipo de corpo deles realmente *é* melhor ou mais atraente. Se você às vezes se sente assim, é bom se lembrar de que aquele tipo de corpo apenas parece mais desejável por uma questão de moda. E a moda depende da cultura e da época específicas. Estar na moda não torna um par de *jeans* "melhor" que outro. Também não torna uma forma de corpo melhor que outra.

É interessante também pensar em como a moda muda e varia de uma cultura para outra. As ilustrações na Figura 27 mostram o tipo de corpo masculino em moda em outras épocas e culturas. A primeira é de um rei da Polinésia. A maioria das pessoas em nossa sociedade o acharia absurdamente obeso; na cultura dele, entretanto, é considerado um homem bonito. A barriga enorme é vista como sinal de masculinidade. O alemão do século XVII na segunda ilustração também seria considerado feioso, segundo nossos padrões. Na época e no país dele, porém, seu corpo seria tido como atraente, um sinal de sucesso e prosperidade. O terceiro homem é um inglês do século XIX. Seu corpo magro e esbelto parece frágil em comparação ao tipo "malhado" em moda hoje em dia. Mas, naquela época, na Inglaterra, ele era o tipo de homem que deixava as mulheres babando. Na verdade, naqueles tempos, um de nossos modernos homens que malham seria considerado uma aberração.

Lembre-se também de que nem todas as pessoas concordam ou seguem a moda. Por exemplo, há muitas mulheres que acham grotescos homens supermusculosos. Muitas preferem os magros. E, para a maioria das pessoas, o que conta não é o tipo de corpo, mas o tipo de pessoa.

Figura 27. Aparências em moda. A partir da esquerda, um rei polinésio, um *Burghermeister* alemão do século XVII e um inglês do século XIX.

Aprender a gostar de si mesmo e amar seu corpo, independentemente de estar na moda, é um grande passo para se tornar adulto. Também é um importante passo para ser mais atraente, porque, se você começa a gostar de sua aparência, outras pessoas também vão gostar. Não importa se você tem o dito tipo melhor ou perfeito de corpo – nem um pouco. Pode acreditar.

5

PELOS NO CORPO, SUOR, ESPINHAS E OUTRAS MUDANÇAS

EM PRIMEIRO LUGAR, QUEREMOS EXPLICAR que este capítulo não é uma chatice completa. Ele trata de questões como a barba e o crescimento de pelos no rosto e no corpo. Muitos meninos aguardam ansiosamente o momento de começar a se barbear. Pelos no peito e em outras partes são importantes sinais de "masculinidade". Mas temos de admitir que boa parte dele aborda o lado ruim da puberdade: o cheiro do corpo, as espinhas, a mudança na voz e até o inchaço das mamas. Eca! Ninguém se diverte com isso. Temos visto, ao longo dos anos, muitos garotos animados para entrar na puberdade. Mal podem esperar para desenvolver músculos mais fortes e começar a se barbear. Mas nunca encontramos um jovem que "mal pudesse esperar" para ter sua primeira espinha.

Espinhas, cheiro do corpo, voz rachada e mudanças mamárias não são as maravilhas da puberdade. Não vamos fingir o contrário. Em vez disso, nós lhe daremos os fatos para você saber o que esperar. Não o deixaremos abandonado. Daremos também algumas dicas para você lidar com tudo isso. Explicaremos como são os tratamentos para *acne* e como se deve lidar com o cheiro do corpo.

PELOS NAS AXILAS E NO CORPO

No decorrer da puberdade, começam a surgir pelos em lugares em que eles não existiam antes: pelos púbicos, pelos nas axilas e no rosto. Os pelos dos braços e das pernas também podem ficar mais escuros. Também crescem pelos no peito e em outros locais.

Os pelos nas axilas podem surgir em qualquer momento durante os anos da puberdade. A maioria dos garotos passa a ter pelos púbicos antes dos pelos nas axilas. Em média, estes últimos se desenvolvem um ou dois anos após o aparecimento dos primeiros pelos púbicos.

Também no peito, você verá que podem aparecer pelos. Alguns meninos os têm nos ombros, nas costas e nas nádegas, bem como no dorso das mãos. Enquanto alguns rapazes são bastante peludos, outros possuem muito poucos pelos no corpo todo.

Uma questão cabeluda

Você terá muitos pelos ou não? Geralmente, os jovens puxam pelos homens da família, nessa questão. Se seus parentes do sexo masculino são propensos a ter muitos pelos no corpo, você provavelmente também os terá. Se tiverem poucos, você provavelmente será como eles. De novo, não se trata de uma regra definitiva. Mas a presença de pelos (ou a ausência deles) costuma ser "de família".

Assim como há muitos mitos sobre o tamanho do pênis, existem vários outros acerca dos pelos. Algumas pessoas creem que homens com muito pelo no corpo são mais masculinos que os demais. Isso é bobagem. Os pelos (ou a falta deles) não têm nada a ver com o tipo de homem que você será. Algumas pessoas (tanto homens quanto mulheres) acham o excesso de pelos atraente. Outras preferem um corpo mais liso, menos peludo. Mas, para a maioria, nenhuma das duas coisas importa. Se você se preocupa com a quantidade de pelos que possui, esqueça. Para começar, essa preocupação não fará diferença. Além do mais, que tipo de pessoa resolve gostar ou não de alguem tomando por base seus pelos?

PELOS NO ROSTO

Na puberdade, o menino começa a desenvolver pelos também no rosto. Começam a crescer o bigode, as costeletas e a barba. Os primeiros pelos faciais só costumam surgir quando os órgãos sexuais do jovem estão relativamente bem desenvolvidos. Geralmente aparecem no estágio 4 do desenvolvimento genital (ver Figura 13, na página 51). Em média, surgem no menino os primeiros pelos faciais entre os 14 e os 16 anos. Alguns, porém, notam esses pelos quando são mais jovens. Em outros, eles só aparecem aos 19 ou 20 anos.

De modo geral, os primeiros pelos no rosto aparecem nos cantos externos do lábio superior. Em princípio, não são muitos e sua coloração pode não ser muito escura. Com o passar dos anos, ficam mais escuros e numerosos. Aos poucos o bigode vai se tornando mais espesso a partir dos cantos em direção ao meio dos lábios. Enquanto isso, começam a crescer pelos também na parte superior das bochechas. As costeletas e os pelos abaixo do lábio inferior também surgem nesse período.

Conforme você vai amadurecendo, os pelos no rosto ficam mais grossos e escuros. A barba e o bigode podem ser da mesma cor dos cabelos, ou de uma cor diferente. É possível que, quando você tiver 18 anos, sua barba e seu bigode sejam totalmente densos e grossos. Entretanto, muitos homens continuam desenvolvendo pelos no rosto até os 20 e poucos anos. Um homem pode ter poucos pelos faciais antes dos 20, mas desenvolver barba grossa ou bigode e costeletas volumosos até os 30.

Fazer a barba

Alguns homens adultos se barbeiam todos os dias. Aqueles que têm barba grossa, de crescimento rápido, às vezes se barbeiam duas vezes ao dia. Outros preferem deixar crescer o bigode, a costeleta ou até a barba. É uma questão pessoal, de gosto individual.

Os homens com quem conversamos rasparam os primeiros pelos no rosto. Alguns resolveram deixar o bigode ou a barba em uma fase posterior na vida. Um homem com bigode nos disse:

Não tiro mais. Quando era adolescente, tirava, porque os pelos eram poucos e espalhados. Era ridículo, feio. Não parecia um bigode de verdade.

– PHIL, 30

Outro homem disse:

Não me barbeio mais. Tenho preguiça de me barbear todo dia. No começo, quando surgiram aqueles pelinhos finos, eu fazia a barba todos os dias, religiosamente. Era uma espécie de atitude de macho. Além disso, não sei se é verdade, mas ouvi dizer que quanto mais você se barbeia, mais rápido o bigode e a barba crescem.

– TED, 36

Muitos dos meninos com quem conversamos estavam animados com o fato de se barbearem, sentindo que aquele era um sinal de entrada na vida adulta. Muitos jovens gostariam de ter mais pelos no rosto, como alguns de seus amigos. Um homem nos contou uma história engraçada sobre isso:

Eu costumava sair com meu primo, Albert, e seus amigos, todos com 20 e poucos anos. Eu tinha uns 19, eu acho. Albert tinha carro... Era excitante para mim sair com aqueles caras mais velhos. Eu queria parecer da idade deles, por isso pegava o lápis de sobrancelha de minha mãe e coloria meu bigode. Sabe como é? Para parecer mais maduro. Fomos dançar uma noite, e depois eu estava dando uns amassos com uma garota no banco de trás do carro de Albert e meu bigode manchou todo o rosto dela. Foi muito embaraçoso. Achei que não ia sobreviver àquilo!

– CHARLIE, 67

A primeira lâmina de barbear é um grande evento para alguns rapazes. Alguns compram pessoalmente, outros ganham. Entre os entrevistados, alguns usavam as lâminas do pai no começo:

Quando comecei a me barbear, não disse nada a ninguém. Não queria comprar um aparelho de barbear [lâmina] e deixar no banheiro porque sabia que minha família iria brincar comigo até não poder mais. Nao tinha muito o que barbear, também. Enfim, usei a lâmina de meu pai. Minhas irmãs começaram a depilar as pernas, e também usavam as lâminas de meu pai. Ele ficava fulo porque queria fazer a barba, e a lâmina estava cega; ele se cortava porque elas e eu usávamos o aparelho o tempo todo. Ele se cortava e gritava: "Quem usou minhas lâminas?" Minhas irmãs e eu respondíamos: "Não fui eu, não fui eu!" Por fim, ele saiu, comprou lâminas para todos nós e disse: "Se usarem minhas lâminas de novo, eu mato vocês!"

– SAM, 35

> ### FICA MAIS GROSSO E MAIS ESCURO MESMO?
>
> Não, fazer a barba não deixa os pelos mais grossos e mais escuros, embora pareça que sim.
>
> Os pelos se afinam nas pontas. O pelo é mais fino na ponta que no meio ou na raiz. Raspar o corta em sua parte mais grossa (ver Figura 28).
>
> Se você nunca se barbeou, boa parte do que se vê acima da superfície da pele é a parte fina de cada pelo. Quando você se barbear, essas pontas finas serão cortadas e você só vai ver o restante do pelo.
>
> Embora os pelos não estejam mais grossos, dão a impressão de estar.

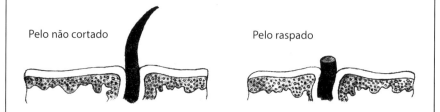

Figura 28. Pelos que parecem mais grossos. Antes de você se barbear, os pelos não cortados terminam com a ponta fina. Depois da barba, eles são cortados na parte mais espessa, dando a impressão de ser mais grossos.

LÂMINAS E BARBEADORES: GUIA DO COMPRADOR

Você pode escolher entre o uso de lâminas e de um barbeador elétrico. Alguns homens preferem a conveniência do segundo. Os barbeadores sem fio são particularmente apreciados. Há dois tipos: o de lâminas retas e o de lâminas giratórias.

Com um barbeador elétrico, você não precisa de creme de barbear e não tem de trocar as lâminas. Eles são fáceis de transportar, e o risco de você se cortar é menor. Mas um bom barbeador elétrico não é barato e não raspa tão rente quanto uma lâmina.

A maioria dos homens prefere usar aparelhos de barba com lâmina. Os dois tipos mais apreciados são os de lâminas descartáveis e os que vêm em cartucho. Com o primeiro tipo, você joga fora todo o aparelho quando a lâmina fica cega. Com o segundo, joga fora o cartucho da lâmina, mas guarda o resto

PELOS NO CORPO, SUOR, ESPINHAS E OUTRAS MUDANÇAS | 103

do aparelho para usar com outro cartucho. A maioria dos homens prefere esse segundo tipo.

Além disso, você pode escolher entre aparelhos com uma, duas ou três lâminas. Provavelmente preferirá a barba mais rente produzida pelo corte de duas ou três lâminas. Muitas delas têm um cabeçote giratório ou são flexíveis. A barba fica mais rente e é mais difícil você se cortar.

O aparelho com lâmina dupla ou tripla é mais propenso a deixar pelos encravados. Se você tem essa tendência, é melhor usar um barbeador elétrico. (Ver página 111 para mais informações a respeito de pelos encravados.)

Se quiser, converse com seu pai ou outro homem de sua confiança e ouça suas recomendações.

DICAS PARA UMA BOA BARBA: LÂMINAS

Estas orientações o ajudarão a se barbear com segurança e suavidade.

- **Verifique se as lâminas estão limpas, afiadas e intactas.** Troque de lâmina a cada quatro ou cinco barbas feitas. Uma lâmina cega puxa e arranha a pele. Isso provoca um vermelhão dolorido chamado de queimadura de navalha. Se o aparelho cair, a lâmina pode se quebrar. Nesse caso, jogue-o fora!
- **Primeiro, molhe os pelos.** Espere um minuto até os pelos absorverem a água. Muitos homens se barbeiam logo após o banho. A água morna e o vapor amolecem a barba, facilitando o corte e reduzindo o puxão da lâmina. A barba costuma ser mais dura no queixo e acima do lábio superior. Raspe os pelos dessas áreas por último, dando à água mais tempo para amolecê-los.
- **Use creme ou gel; não use sabonete.** Cremes e gel reduzem o puxão da lâmina na pele. Além disso, amolecem os pelos. O sabonete cega as lâminas e endurece os pelos, tornando o barbear mais difícil.
- **Vá devagar e enxágue com frequência.** Não force o aparelho de barbear contra a pele. Raspe com suavidade. Tente não raspar várias vezes a mesma área. Enxágue sempre o aparelho para tirar os pelos da lâmina.
- **Raspe sempre na mesma direção.** Raspar em direção contrária à do crescimento dos pelos proporciona um corte mais rente. Contudo, a raspagem na direção do crescimento é mais suave para a pele. Na maior parte do rosto, você pode raspar para baixo, seguindo a direção dos pelos. Alguns homens,

porém, raspam os pelos do queixo para cima, contra a direção do crescimento deles. Nunca faça isso se você for propenso a ter pelos encravados.

- **Enxágue com água fria e seque batendo de leve.** O enxágue com água fria
  fecha os poros e suaviza a pele. Em vez de esfregar, dê umas batidinhas leves para secar. Você pode usar loções pós-barba. Cuidado com loções que
  contêm álcool, elas podem irritar a pele.
- **Nunca use aparelho de barba emprestado nem empreste o seu.** Se fizer
  isso, correrá risco de infecção.
- **Trate as irritações da pele da forma adequada.** Se sua pele ficar irritada
  após o barbear, use peróxido de benzoíla de 2,5% a 5%.

DICAS PARA UMA BOA BARBA: BARBEADORES ELÉTRICOS

Estas orientações o ajudarão a se barbear melhor com um barbeador elétrico.

- **Barbeie-se quando o rosto estiver seco.**
- **Vá devagar.** Não force o barbeador contra o rosto. Isso não lhe proporcio-
  nará uma barba mais rente. Use o barbeador giratório em movimentos cir-
  culares e o de lâminas retas para cima e para baixo.
- **Limpe os cabeçotes.** Siga as orientações do fabricante. Se usar um barbeador giratório, provavelmente você precisará escovar os motores a cada um
  ou dois meses. Com um barbeador reto, tire a parte das lâminas e limpe-a
  após cada barba.

SUOR E CHEIRO DO CORPO

Você sobe e desce as escadas dez vezes seguidas ou talvez seja um dia quen-
tíssimo de verão. O que acontece?

Vem o suor, claro. Quando a temperatura sobe, ou quando você se exercita, suas glândulas sudoríparas entram em ação. Elas secretam suor. Estresse,
medo e outras emoções fortes também podem ativá-las.

Você possui milhões de glândulas sudoríparas. Elas se encontram em quase
todos os centímetros de pele de seu corpo, impedindo que você fique supera-
quecido, graças à secreção de suor. O suor é composto por 99% de água, com
uma pequena quantidade de sal na mistura. A água evapora rapidamente, permitindo que você esfrie, e o sal no suor ajuda a extrair mais água do corpo.

Na puberdade, a produção das glândulas sudoríparas aumenta; e as glândulas especiais nas axilas e na área genital se ativam pela primeira vez. Isso significa que você sua mais e em mais lugares. O suor poderá ser notado na testa, na região acima do lábio superior, no pescoço e no peito, quando você se exercita. O medo e a preocupação, por sua vez, costumam provocar suor nas axilas, palmas e plantas dos pés. Mesmo que você não esteja com medo nem preocupado, provavelmente suará mais nessas áreas. O motivo: essas áreas possuem mais glândulas sudoríparas que outras partes do corpo.

O cheiro do seu corpo também muda durante a puberdade. O suor em si não causa odores desagradáveis. Aliás, é quase inodoro. Mas as bactérias que vivem na pele humana decompõem o suor – é isso que causa odor. Essas bactérias gostam particularmente do suor daquelas glândulas especiais nas axilas e na área genital que são ativadas na puberdade.

A maior parte do que chamamos de cheiro do corpo vem das axilas. Nelas existem certas glândulas especiais que as bactérias apreciam, além das condições úmidas e quentes, perfeitas para sua proliferação. E o suor fica muito malcheiroso quando as bactérias têm a oportunidade de trabalhar.

Como lidar com o suor e com o cheiro do corpo

As mudanças da puberdade no cheiro do corpo e no suor são naturais e saudáveis, fazem parte do crescimento. Entretanto, alguns jovens se preocupam com isso. Não é nenhuma surpresa. Há empresas que gastam somas enormes de dinheiro em comerciais de tevê e revistas para que nos preocupemos com o cheiro do corpo e com a secura da pele. Não deixe que elas façam você se preocupar com seu corpo! O suor é bom. Impede que você se frite! É um modo pelo qual o corpo se livra de substâncias indesejáveis. No entanto, você não precisa cheirar mal, mesmo que sue bastante. É fácil manter um odor limpo e agradável. Eis algumas dicas.

- **Tome banho regularmente (ducha ou banheira).** Lavar-se diariamente elimina bactérias que causam odor. É importante, sobretudo, lavar as axilas e a área genital.
- **Use sabonete antibacteriano debaixo dos braços.** Estudos mostram que esse tipo de sabonete pode controlar as bactérias por até dezesseis horas.
- **Use roupas limpas.** As bactérias que causam odor podem ficar nas roupas. Mantenha as roupas sempre limpas.

- **Use roupas que "respirem".** Se você transpira muito, tente usar roupas íntimas feitas de puro algodão. O algodão é absorvente e permite que o ar circule, mantendo você seco.

Desodorantes e antitranspirantes

Se o odor ou a quantidade de suor nas axilas o incomoda, você pode usar *desodorante* ou *antitranspirante*. Muitos desodorantes cobrem o cheiro do corpo com um perfume próprio. Alguns também combatem as bactérias que causam odor. Os antitranspirantes deixam você seco, diminuindo a quantidade de suor. A maioria dos desodorantes também contém antitranspirante.

Esses produtos podem ser encontrados em *spray*, bastão, gel, creme, loção e *roll-on*. Alguns têm perfume, outros não. Alguns são anunciados como sendo especificamente para homens, mas na verdade não existe muita diferença entre desodorante "para homens" e "para mulheres".

Os antitranspirantes contêm alguma forma de *alumínio*. Alguns especialistas consideram que mesmo a menor quantidade de alumínio que entra no corpo é prejudicial. Outros dizem o contrário. Se você se preocupa com isso, use um desodorante que não contém alumínio. Ou, se sentir necessidade de um antitranspirante, use algum com *sulfato* de alumínio, que não é tão facilmente absorvido além das camadas externas da pele.

Leia as instruções de qualquer produto que você resolver usar. Alguns devem ser aplicados logo após o banho, enquanto o corpo ainda está molhado. A umidade ativa os ingredientes que combatem as bactérias. Outros produtos funcionam melhor quando usados na hora de dormir, e não logo de manhã. Se você transpira muito, experimente usar um antitranspirante antes de ir para a cama e antes de se vestir de manhã.

ESPINHAS E ACNE

Espinhas são inevitáveis para a maioria dos meninos na puberdade. As glândulas sebáceas contidas na pele se tornam ativas – ativas até demais. Com isso, o excesso de óleo por elas produzido fica acumulado por baixo de poros obstruídos. O resultado é um rosto cheio de espinhas. Às vezes, podem ocorrer casos graves de acne.

O que causa a acne?

Acne é o termo médico para o que chamamos de espinhas, cravos brancos e cravos pretos. Todos esses problemas de pele começam com as glândulas sebáceas e com os poros obstruídos.

Temos glândulas sebáceas no corpo todo. São mais comuns no rosto, pescoço, peito e costas. Nesses lugares a acne também aparece.

A Figura 29 mostra um folículo capilar e uma glândula sebácea. Os folículos capilares ficam debaixo da superfície da pele. Cada pelo do corpo tem um folículo. Na parte inferior de cada folículo há uma glândula sebácea. Essas glândulas produzem um óleo chamado *sebo*. O sebo flui da glândula e sobre o pelo, saindo pela abertura – ou poro – na superfície da pele. Ao sair desta, o sebo leva consigo células de pele mortas, provindas das paredes do folículo capilar.

A puberdade afeta os folículos capilares e as glândulas sebáceas em vários sentidos. As glândulas produzem muito mais sebo que antes. Mais células mortas se desprendem das paredes dos folículos capilares. Essas células mortas também costumam grudar umas nas outras, mais do que faziam antes da puberdade, e acabam formando uma espécie de coágulo que obstrui o poro.

Apesar de o poro se encontrar obstruído, a glândula sebácea continua produzindo sebo. Mas este não é mais capaz de sair do folículo. Acumula-se atrás do coágulo e faz inchar o folículo capilar. Isso se manifesta como uma pequena protuberância branca abaixo da superfície da pele, que chamamos de cravo branco.

Às vezes, a pressão do sebo preso força o coágulo para fora, acima da superfície. Quando isso acontece, dizemos que há um cravo preto. A cor preta não tem a ver com sujeira presa no coágulo. É uma reação química na superfície da pele que causa essa cor.

Cravos brancos e pretos são formas mais brandas de acne. As espinhas são mais graves. Ocorrem quando as bactérias infectam o sebo que se encontra acumulado. Inofensivas quando vivem na superfície, essas bactérias causam a infecção. Quando entram no sebo acumulado atrás de um poro obstruído, essas "inofensivas" bactérias começam a se multiplicar. Isso resulta em vermelhidão e inchaço, que chamamos de espinha. (Ver Figura 30.)

Às vezes, as paredes no interior de um folículo capilar se rompem. A infecção se espalha sob a pele. Esse é o tipo mais sério de acne. Causa protuberâncias grandes, vermelhas e doloridas.

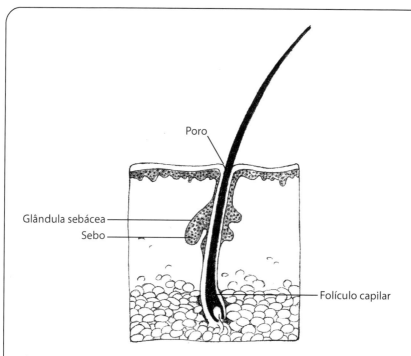

Figura 29. Folículo e glândula sebácea. Uma glândula no interior do folículo capilar produz um óleo chamado sebo. Normalmente, o poro do folículo encontra-se desobstruído, permitindo que o sebo flua lentamente para fora e lubrifique a pele.

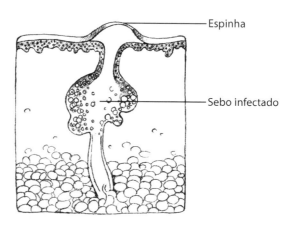

Figura 30. Uma espinha. Se o poro e a parte superior do folículo capilar ficarem obstruídos, o sebo não pode fluir através do poro. Isso pode causar uma infecção que resulta no inchaço e no vermelhão que chamamos de espinha.

Tratamento

Cravos brancos, pretos, espinhas e casos graves de acne não são nada divertidos, tampouco atraentes. Pior ainda: os casos mais graves podem causar marcas ou cicatrizes permanentes na pele. A boa notícia é que o problema pode ser tratado. Na verdade, há várias coisas que você pode fazer. Tudo dependerá do tipo de acne e da gravidade do caso.

Algumas pessoas acham que a acne é causada por falta de higiene. Pensam que, se lavarem mais a área, o problema desaparecerá. Isso não é verdade. Lavar o rosto duas vezes por dia é suficiente. Mesmo que você o lave mais que isso, não poderá impedir nem curar a acne.

Às vezes, a oleosidade do cabelo pode provocar erupção de acne na testa. Nesse caso, a lavagem frequente do cabelo, penteando-o para trás – longe da testa –, pode ajudar.

Os adultos podem lhe dizer que você não deve espremer as espinhas. E eles têm razão. Isso pode aprofundar a infecção na pele e deixar cicatrizes.

TRATAMENTOS SEM RECEITA MÉDICA

Há produtos que você pode comprar para o tratamento pessoal da acne que não precisam de receita médica. Se você for usar um desses produtos, é bom saber o seguinte, antes de comprá-los:

- **Peróxido de benzoíla.** O *peróxido de benzoíla* é o principal ingrediente em muitos medicamentos para tratar acne, que são vendidos sem receita. Ele ataca as bactérias que causam espinhas. Também ajuda a desobstruir os poros dos folículos capilares. Se você pretende usar um desses produtos, vá devagar, no começo. Antes de aplicá-lo, teste-o em uma área pequena da pele para ter certeza de que ele não provoca alergia.

  Quando usar um produto pela primeira vez, aplique-o somente na área infectada a cada dois dias. Depois de umas duas semanas, pode usá-lo diariamente. Tome cuidado para não espirrar peróxido de benzoíla nas roupas. Ele é um poderoso alvejante, que pode deixar marcas permanentes na roupa.
- **Ácido salicílico.** O *ácido salicílico* também é eficaz no tratamento da acne. Está presente em vários produtos vendidos sem receita. Tira cravos brancos e pretos e ajuda a impedir que voltem. Os produtos com ácido salicílico podem ser usados com outros tratamentos. Siga as instruções na embalagem.

ACNE E ALIMENTAÇÃO

Antigamente, as pessoas acreditavam que certos tipos de alimentos podiam causar acne. O chocolate e alimentos como batata frita eram os principais vilões. Os médicos nunca comprovaram qualquer ligação entre dieta alimentar e acne. Mesmo assim, se você perceber que certos alimentos lhe causam espinhas, é melhor evitá-los. Pode ter certeza de que comer menos fritura e chocolate não vai lhe fazer mal!

- **Sabonetes abrasivos.** Esses produtos só pioram a acne. Não os utilize se tiver muitas espinhas, ou se forem de um caso mais grave. Adolescentes afro-descendentes devem sempre evitar sabonetes abrasivos ou qualquer outro produto do tipo. (Ver *box* na página 111.)

Lembre-se: qualquer medicamento para acne vendido sem receita pode irritar a pele. Siga sempre as instruções com muita atenção. Os resultados aparecerão depois de seis a oito semanas de uso.

TRATAMENTO MÉDICO

Algumas pessoas dizem: "Deixe a acne sumir sozinha, não faça nada". Mas o tratamento médico pode ajudar. Além disso, casos graves de acne podem causar cicatrizes permanentes se não forem tratados. Se o seu caso de acne não for apenas leve, talvez seja bom consultar um médico. As orientações a seguir ajudarão você a se decidir. Consulte o médico se tiver acne ou se alguma das situações citadas abaixo se aplicar ao seu caso.

- Se você está usando produtos vendidos sem receita há dois meses ou mais, e sua pele não melhorou quase nada.
- Se suas espinhas não o deixam aproveitar a vida como deveria.
- Se seu caso de acne produz protuberâncias grandes, vermelhas e doloridas.
- Se sua pele é escura e você notou que a acne está causando manchas escuras nela.
- Se há casos severos de acne em sua família.
- Se você tem só 9 ou 10 anos de idade e já tem acne.

PROBLEMAS DE PELE ESPECÍFICOS PARA AFRODESCENDENTES

Homens e mulheres afrodescendentes precisam tomar cuidados especiais com o uso de produtos dermatológicos ou para a remoção de pelos.

- **Sabonetes abrasivos.** Podem causar marcas permanentes em pele mais clara ou mais escura. Não use esses produtos.
- **Pelos encravados.** O homem de pele negra é mais propenso a ter pelos encravados. A raspagem dos pelos no rosto faz cortes angulares, deixando uma ponta aguda. Após a barba, os pelos enrolados podem puxar a pele por baixo da superfície ou crescer de volta. (Ver Figura 31.) Isso pode provocar protuberâncias feias, inflamadas, na superfície da pele. Não há problema em liberar a ponta de um pelo encravado. Mas não o puxe. Se o puxar, poderá haver uma grave reação quando o pelo crescer de novo.
- **Removedores químicos de pelos.** Alguns homens às vezes querem usar cremes que contêm removedores químicos de pelos. Tome um cuidado especial quando usar qualquer um desses produtos. Eles podem causar irritação. Faça sempre um teste em uma pequena área na pele antes de aplicá-los em áreas maiores. Não tome sol e não vá nadar por 24 horas após o uso.
- **Queloides.** A pele de pessoas afrodescendentes é mais propensa a originar cicatrizes anormais conhecidas como queloides. Se você tem essa tendência, mesmo os menores cortes ou até uma espinha que você espremeu podem deixar uma cicatriz bem visível.

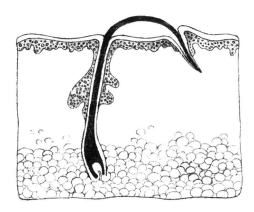

Figura 31. Um pelo encravado

Um médico pode receitar um tratamento adequado ao seu problema. Pode prescrever remédios que não são vendidos sem receita. Siga sempre as instruções que ele lhe der. Informe-o sobre quaisquer produtos comprados sem receita que você tenha usado ou ainda usa. Alguns podem causar má interação com o remédio prescrito por ele. Talvez o tratamento demore dois meses ou mais até surtir efeito. Em alguns casos, o médico pode lhe indicar um *dermatologista* – especialista em problemas de pele.

MUDANÇAS NA VOZ

No decorrer da puberdade, a voz fica mais grave. Isso acontece porque as cordas vocais engrossam e se alongam, o que provoca mudança no tom da voz. (Dá para ver e ouvir os efeitos desse desenvolvimento. A laringe, ou "caixa de voz", que abriga as cordas vocais, também fica maior. Meninos podem ver isso na forma de um pomo de adão mais pronunciado.) As mudanças na voz acontecem quando um rapaz tem mais ou menos 14 ou 15 anos; mas também podem ocorrer antes ou depois dessas idades. Alguns passam pela mudança sem percebê-la.

> Não percebi que minha voz havia mudado, exceto pelo fato de que as pessoas pararam de achar que era minha mãe ou minha irmã falando quando eu atendia o telefone.
>
> – BILL, 19

Para outros garotos, a mudança na voz é mais súbita e perceptível.

> Minha garganta ficou irritada por mais ou menos um mês, arranhando um pouco. Achei que era inflamação. Minha voz estava fanhosa. Eu vivia raspando a garganta para falar melhor, sabe? De repente, notei que minha voz estava mais grave que antes.
>
> – PHIL, 17

Com o crescimento da laringe, a voz de um garoto "falha". Ele pode estar falando num tom de voz normal e, de repente, a voz fica aguda e esganiçada. Alguns meninos acham isso embaraçoso. Um deles disse:

Finalmente eu criava coragem para ligar para uma menina e convidá-la para sair. "Oi, Susie", ou qualquer que fosse o nome dela. "É o John", e a voz estava boa. Legal. Aí, eu dizia: "Você quer ir comigo ao cinema?" E, no meio da frase, minha voz ficava aguda e engraçada. Parecia a Minnie Mouse falando.

– JOHN, 39

Outro homem disse:

Era muito embaraçoso, mesmo. Parecia que acontecia de repente. Eu tentava controlar minha voz e não parecer muito animado ou alegre. Sempre que ficava nervoso ou animado, acontecia. Tentava não me deixar levar pelas emoções, mas é claro que às vezes acontecia. Nunca conseguia controlar. Por fim, depois de um ano ou talvez dois, minha voz ficou normal.

– TYRONE, 28

Na verdade, não há motivo para você se sentir envergonhado. No fim, sua voz se "assentará" e soará mais como a de um adulto.

MUDANÇAS NAS MAMAS

Desenvolvimento dos seios: só acontece com as meninas, certo?

Errado. As mamas dos meninos não mudam de maneira tão acentuada como as das meninas, mas mudam. A aréola, o círculo em volta do mamilo, fica mais larga e mais escura. (Ver Figura 32.) O próprio mamilo aumenta também.

Muitos garotos também têm um inchaço temporário de uma das mamas, ou de ambas, durante a puberdade. Essa é uma mudança normal que acontece com mais da metade dos meninos na puberdade. O inchaço é mais perceptível em alguns garotos que em outros. Alguns chegam a temer que estejam desenvolvendo seios, e que vão se transformar em menina. Um homem que passou por um inchaço bastante pronunciado na puberdade nos relatou como se sentiu:

Parecia que estava ficando com seios. Eram maiores que de algumas meninas! As pessoas mexiam comigo o tempo todo. Fiquei realmente com medo de estar virando menina. Alguém tinha cometido um grande erro, e eu era, na verdade, uma menina. Achei que meu pênis ia cair, ou alguma coisa assim. Que iria ter seios e usar sutiã. Ouvia tudo quanto era tipo de história sobre meninos que descobriram que eram meninas que tinham ao mesmo tempo seios e pênis. Mas não sabia a quem perguntar a respeito dessas coisas.

Quando entrei no ensino médio, meu peito já parecia normal. Os seios tinham sumido. Foi pena eu não saber antes que tudo ficaria bem. Não precisaria ter me preocupado tanto.

– Tom, 40

Às vezes, esse inchaço deixa as mamas sensíveis ou doloridas. Além disso, pode surgir uma espécie de protuberância achatada em um ou nos dois mamilos. Se isso acontecer, e você não souber que é perfeitamente normal, pode se assustar. Um homem nos disse:

Havia calombos em meus mamilos. Achei que tinha câncer ou algo assim.

– Harold, 34

Embora essas protuberâncias sejam desconfortáveis, ou até doloridas, não são motivos de preocupação. O surgimento delas é perfeitamente normal, e não sinal de câncer ou outra doença. (Aliás, raramente o homem tem câncer de mama; e rapazes ainda muito jovens *nunca* têm.)

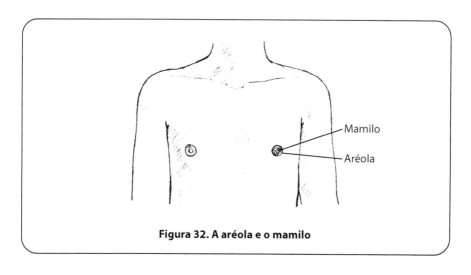

Figura 32. A aréola e o mamilo

O inchaço, as protuberâncias e a dor são apenas reações aos novos hormônios que seu corpo está produzindo. Esses problemas desaparecerão depois de alguns meses ou um ano e meio. Em casos raros, o inchaço não some ou fica tão grande que o jovem precisa de tratamento médico. Mas, na maioria das vezes, essas mudanças nas mamas passam sozinhas.

O LADO BOM DA PUBERDADE

A puberdade não é só transpiração e espinhas. Parece isso, depois de tantas aulas (ou depois de um capítulo inteiro neste livro) apresentando essas coisas ruins. Por isso, no fim das aulas, lembramos os jovens que há um lado bom na puberdade, mostrando-lhes uma lista de coisas que podem acontecer no decorrer dela. Veja esta lista. O que você acrescentaria?

ter mais privilégios
ter permissão para dormir tarde
ser mais dono do próprio nariz
dirigir
assistir a filmes proibidos para menores
ter um corpo mais forte
ser mais respeitado
ganhar uma mesada maior
entrar para o time da escola
tomar as próprias decisões (às vezes)

tirar o aparelho dos dentes
arrumar um emprego
namorar
estudar numa escola nova
fazer novos amigos
ir a festas
ter o próprio dinheiro
entrar na faculdade
enturmar-se com garotos mais velhos

6

MUDANÇAS NOS ÓRGÃOS REPRODUTORES MASCULINOS: EREÇÕES, ESPERMATOZOIDES E EJACULAÇÕES

TER UMA EREÇÃO NÃO É NOVIDADE. Meninos têm ereções antes de entrar na puberdade. Na verdade, os homens têm ereção por toda a vida. Até os bebezinhos ainda na barriga da mãe têm ereções. Durante a puberdade, contudo, os meninos começam a ter ereções com maior frequência que antes. Neste capítulo, você aprenderá o que acontece no interior de seu corpo quando você tem uma ereção e quais são as diferenças individuais nas ereções.

No decorrer da puberdade, os testículos do garoto começam a produzir espermatozoides maduros. Esse é o período em que ele ejacula pela primeira vez. (Se você se lembra do capítulo 1, ejaculação é a liberação de sêmen a partir da abertura na ponta do pênis.) Neste capítulo, você vai descobrir como seu corpo produz, armazena e libera espermatozoides. Vai saber o que acontece por dentro do corpo quando você ejacula. Também abordaremos aqui a primeira ejaculação, de modo que o jovem leitor saiba o que esperar.

EREÇÕES

O pênis reage à estimulação sexual ficando ereto. A estimulação não precisa ser física. Às vezes, só o *pensar* em sexo basta para causar uma ereção. Mas elas nem sempre são de natureza sexual, particularmente durante a puberdade. Você pode ter ereções mesmo que não esteja fazendo ou pensando coisa alguma de ordem sexual.

Mesmo nos homens adultos, as ereções nem sempre são sexuais. Por exemplo, um homem pode acordar assim de manhã. Também durante o sono, podem acontecer ereções. Essas que ocorrem enquanto você dorme acontecem por toda a vida, desde o momento em que você ainda é bebê até a idade avançada, mas são mais frequentes e duram mais na puberdade. Meninos nessa fase têm cerca de seis ou sete ereções por noite. Cada uma dura de vinte a trinta minutos.

Quando você entra na puberdade, começa a produzir muitos hormônios novos, que tornam o pênis particularmente sensível. O resultado é que frequentemente ele fica ereto. Mesmo que você não o toque nem pense em sexo, lá está ele... Falaremos mais de ereções na puberdade e de como lidar com elas no capítulo 7. Antes, porém, vejamos o que acontece dentro de seu corpo durante esse processo.

Como é por dentro?

Quando você tem uma ereção, seu pênis pode ficar muito duro. Na verdade, parece que há um osso dentro dele, mas é claro que não há.

Dentro do pênis há bastante tecido *erétil* esponjoso. A uretra, o tubo oco que carrega urina, se estende por todo o interior do pênis. Há também, dentro dele, nervos, vasos sanguíneos e outros tipos de tecido; mas o tecido erétil preenche a maior parte do espaço interior do pênis. (Ver Figura 33.)

O tecido erétil é uma rede esponjosa de câmaras. Normalmente, essas câmaras são vazias e caídas (como um tubo interior sem preenchimento). Quando você tem uma ereção, os vasos que transportam sangue *para dentro* do pênis se abrem. O sangue jorra para dentro e começa a encher as câmaras. Com isso, o tecido esponjoso incha. Assim inchado, esse tecido pressiona os vasos sanguíneos no pênis. Isso desacelera o fluxo de sangue através das veias que conduzem *para fora* do pênis.

Com mais sangue entrando e menos saindo, as minúsculas câmaras logo começam a se encher ao máximo. O tecido erétil fica inchado de sangue. Resultado: o pênis fica duro, se ergue e se destaca do corpo. Você tem uma ereção.

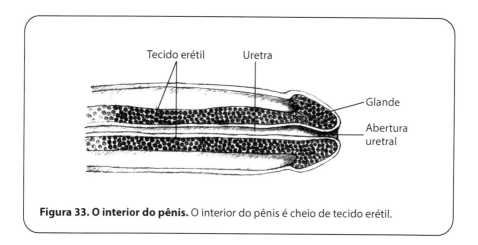

Figura 33. O interior do pênis. O interior do pênis é cheio de tecido erétil.

O meu é normal?

Recebemos muitas cartas de leitores fazendo tudo quanto é tipo de pergunta a respeito das ereções. As perguntas sobre o tamanho do pênis são, de longe, as mais comuns. (O capítulo 3, páginas 61-65, aborda essa questão.) Os leitores também perguntam se é normal um pênis ereto curvar-se para a esquerda ou para a direita, levantar-se reto, fazer um ângulo ou apontar para a frente. Querem saber se as ereções acontecem com muita ou pouca frequência, se são muito rápidas ou muito lentas. Preocupam-se se suas ereções são duras ou moles demais, enfim... tudo!

Se você também se preocupa, relaxe! A seguir fizemos uma lista para ajudá-lo a compreender as variações normais no pênis ereto.

- **Velocidade:** Uma ereção pode ser muito rápida. Em questão de segundos, o pênis pode começar a intumescer e logo ficar totalmente ereto. Mas também pode haver ereções lentas. Algumas coisas que podem afetar a velocidade da ereção são o cansaço, a última vez em que você ejaculou, seu humor e se você usou drogas ou álcool. A idade também exerce um grande efeito na velocidade de uma ereção. De modo geral, a partir da puberdade, quanto mais velho você fica, mais demorada é a ereção. Mas, afinal, para que pressa?
- **Dureza:** A ereção não é algo do tipo tudo ou nada. Há vários pontos na escala entre o pênis ficar totalmente ereto e completamente mole. De novo, muitos são os fatores que contribuem para a dureza da ereção, sendo a idade o principal deles.

- **Duração:** Se a estimulação sexual continuar, um jovem pode manter uma ereção por várias horas. A ereção não se mantém o tempo todo. Há um ciclo repetido entre duro, semimole e duro novamente. Com um pouco de estimulação física, um rapaz pode manter esse ciclo de ereções por horas. Essa habilidade também diminui com a idade.
- **Curva:** Vista de cima, a maioria das ereções é reta, mas há muitas que se curvam um pouco para a esquerda ou para a direita. Quando há uma curva, geralmente é para a esquerda. Uma porcentagem pequena de homens tem ereções que se curvam para a direita.

  A maioria das ereções também é reta, se vista de lado. De novo, há muitas que são curvas. A curva geralmente é para cima (em direção ao corpo). Uma porcentagem pequena de pênis eretos se curva para baixo (em direção ao chão).

  As curvas são perfeitamente normais e muito comuns; mas, se você tem uma curva severa, ou que causa dor quando seu pênis está ereto, consulte um médico.
- **Ângulo:** Quando você tem uma ereção, seu pênis se destaca do corpo em um ângulo. É claro que, se a ereção for parcial, o ângulo não será o mesmo que o de uma ereção plena. No entanto, geralmente ele será o mesmo cada vez que você tiver uma ereção plena. Como você vai ver na Figura 34, o ângulo do pênis totalmente ereto é diferente em cada homem. Alguns têm ereções relativamente horizontais, apontando para a frente. Outros ficam abaixo da linha do horizonte, enquanto outros são quase verticais. Todas essas formas de ereção são perfeitamente normais.
- **Aparência:** Quando seu pênis está plenamente ereto, ele fica mais longo e mais largo que antes, quando está mole. A glande, ou cabeça, do pênis pode ficar mais escura também. Os vasos sanguíneos na superfície do pênis podem se tornar mais visíveis. A pele por cima desses vasos às vezes fica azulada ou mais escura. A abertura urinária na ponta da glande pode se alargar. Os testículos podem se aproximar mais do pênis e do resto do corpo.

Todas as variações descritas acima são perfeitamente normais.

Amolecimento

O processo de amolecimento após a ereção é o mesmo se a ereção acaba sozinha ou após uma ejaculação.

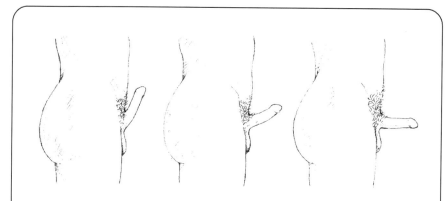

Figura 34. Ângulos da ereção. O pênis ereto pode se destacar em vários ângulos, ou pode ficar praticamente reto.

Primeiro, o fluxo sanguíneo *para dentro* do pênis se desacelera para normal. Com isso, o sangue começa a ser escoado do tecido esponjoso, reduzindo o inchaço. Inchaço menor significa menor pressão sobre os vasos sanguíneos no pênis. Os vasos se abrem, e mais sangue flui através das veias e *para fora* do pênis.

Quando o sangue retorna ao normal, qualquer excesso de sangue preso no tecido erétil é escoado. O pênis fica mole e flácido novamente.

OS ÓRGÃOS REPRODUTORES MASCULINOS

Os órgãos sexuais na Figura 35 também são chamados de órgãos reprodutores. Eles nos permitem reproduzir – fazer bebês. Os órgãos reprodutores masculinos produzem e distribuem espermatozoides. Se um espermatozoide se une a um óvulo – a célula reprodutora feminina –, um bebê pode começar a ser gerado.

Alguns órgãos reprodutores masculinos produzem e armazenam espermatozoides. Outros os preparam para a ejaculação. Outros ainda determinam as rotas que os espermatozoides seguem quando saem do corpo na ejaculação. Veja se você consegue localizar os órgãos listados na Figura 35.

- **Escroto (ou bolsa escrotal):** Uma bolsa ou um saco de pele atrás do pênis que segura os dois testículos.
- **Testículos:** Dois órgãos em formato oval onde os espermatozoides e o hormônio testosterona são produzidos.

MUDANÇAS NOS ÓRGÃOS REPRODUTORES MASCULINOS | 121

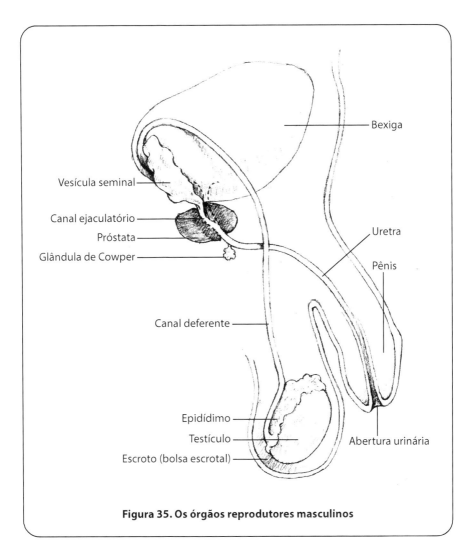

Figura 35. Os órgãos reprodutores masculinos

- **Epidídimo:** Local onde os espermatozoides amadurecem.
- **Canais deferentes:** Local onde os espermatozoides maduros são armazenados.
- **Vesículas seminais:** As duas vesículas seminais produzem fluido, o qual se mistura com o esperma e outros fluidos para produzir o sêmen.
- **Canais ejaculatórios:** Formados pela junção dos canais deferentes e das vesículas seminais, os canais ejaculatórios desembocam na uretra.
- **Próstata:** Fluidos da próstata se misturam com o esperma e outros fluidos para produzir o sêmen.

- **Glândulas de Cowper:** Um par de glândulas pouco abaixo da próstata, de cada lado da uretra. Liberam uma pequena quantidade de fluido para a uretra antes da ejaculação.
- **Pênis:** Órgão sexual masculino externo que libera sêmen durante a ejaculação.
- **Uretra:** Tubo que se estende da bexiga (onde a urina é armazenada) até todo o pênis, terminando na abertura urinária.
- **Abertura urinária:** Abertura na ponta do pênis.

Fábricas de espermatozoides: os testículos

Os dois testículos dentro do escroto são as fábricas de espermatozoides do corpo. Cada testículo é dividido em centenas de pequenas seções. (Ver Figura 36.) Dentro de cada seção há tubos minúsculos parecidos com fios. Esses tubos se enrolam de forma *bastante* apertada. Se fossem desenrolados e estendidos de uma ponta a outra, teriam o comprimento de vários estádios de futebol!

No decorrer da puberdade, um menino começa a produzir espermatozoides dentro desses tubos. Geralmente, espermatozoides novos serão produzidos todos os dias, pelo resto da vida de um homem. Com a idade avançada, a produção desacelera, mas até lá cada testículo produzirá espermatozoides a uma proporção de cinquenta mil por minuto. Entre os dois testículos, isso equivale a seis milhões de espermatozoides por hora.

ALGUNS NOMES CIENTÍFICOS

Além dos milhões de gírias, muitos dos órgãos reprodutores masculinos também possuem nomes científicos. Se você estiver participando de um concurso na tevê, ou se está pensando em consultar um médico, apresentamos aqui estes outros termos:

- Abertura urinária: meato urinário
- Escroto: bolsa escrotal
- Canal deferente: ductos excretores testiculares
- Pênis: falo
- Vesículas seminais, canais ejaculatórios, próstata: glândulas acessórias
- Glândulas de Cowper: glândulas bulbouretrais

Como os testículos trabalham sem parar – 24 horas por dia –, o total é de 144 milhões de espermatozoides por dia! Os espermatozoides são vivos. Plenamente maduros, eles se parecem com girinos, mas são muito menores que a ilustração que vemos na Figura 36. Só se pode enxergar um espermatozoide com um microscópio. Na verdade, seriam necessários quinhentos espermatozoides, enfileirados de um extremo a outro, para cobrir a distância de 2,5 centímetros.

Os espermatozoides se formam em tubos nos testículos. Eles saem desses tubos antes de se desenvolverem plenamente e amadurecem dentro de um conjunto enrolado e apertado de tubos chamado de *epidídimo*. Como você vê na Figura 36, o epidídimo fica acima e atrás do testículo. Você tem dois – um para cada testículo. É possível sentir o epidídimo: é aquela parte macia, com aspecto de cordão, que você sente na parte de trás de cada testículo. Os espermatozoides passam de duas a seis semanas no epidídimo, tempo em que amadurecem.

TESTOSTERONA

Os testículos produzem algo além de espermatozoides: o hormônio "masculino" testosterona. É chamado de "masculino" porque ajuda a produzir espermatozoides e causa muitas das mudanças pelas quais os meninos passam durante a puberdade, tais como o surgimento de pelos no rosto, o desenvolvimento de tecido muscular, o engrossamento da voz e o alargamento dos ombros. E essas são apenas *algumas* das muitas mudanças causadas pela testosterona.

O sinal para o corpo produzir testosterona vem do cérebro. Anos antes de você notar as mudanças da puberdade, uma parte de seu cérebro começa a produzir certas substâncias químicas que se deslocam até a glândula pituitária, na base do cérebro. Essas substâncias fazem com que a glândula produza certos hormônios que entram na corrente sanguínea e vão até os testículos. Com esses hormônios, os testículos produzem um hormônio próprio: a testosterona. Embora seja chamado de hormônio masculino, as mulheres também o produzem, porém em quantidades pequenas.

Armazenamento e transporte
de espermatozoides: o canal deferente

Quando estão plenamente desenvolvidos, os espermatozoides passam do epidídimo para os canais deferentes. Também são dois: um para cada testículo.

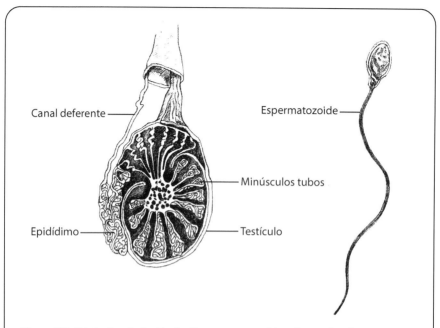

Figura 36. O interior do testículo. Os espermatozoides são produzidos em minúsculos tubos dentro do testículo. Amadurecem no epidídimo e são armazenados no canal deferente.

Os canais deferentes têm cerca de 45 centímetros de comprimento. Começam no escroto e se estendem até a parte principal do corpo. Na Figura 35, podemos ver os canais no corpo, dando a volta pela bexiga.

Os espermatozoides maduros são armazenados nos canais deferentes até saírem do corpo na ejaculação, ou até morrerem. Se um homem não ejacula por algum tempo, os espermatozoides logo morrem e são absorvidos pelo corpo. Outros milhões são produzidos por dia para substituir os que morrem.

Quando um homem ejacula, os músculos nas paredes dos canais deferentes se contraem. Essas contrações bombeiam os espermatozoides para o corpo, onde se misturam com outros fluidos para se transformarem em sêmen.

Espermatozoide + próstata e fluidos seminais = sêmen

Dê uma olhada na Figura 35. Você verá uma das vesículas seminais na base da bexiga. (Há duas delas, uma de cada lado.) Também verá a próstata, pouco abaixo da vesícula seminal. (Só existe uma próstata, em forma de rosquinha.) Cada vesícula seminal se liga a um dos dois canais deferentes, dentro da próstata, onde se forma um dos dois canais ejaculatórios. Esses tubos com 2,5 centímetros de comprimento se encontram no interior da próstata e desembocam na uretra. Na ejaculação, o sêmen é formado quando os espermatozoides se misturam com fluidos vindos das vesículas seminais e da próstata nos canais ejaculatórios. É o sêmen – não o esperma – que sai do pênis quando você ejacula. Em um sentido figurado, fala-se também em "semente".

Em média, um pouco menos de uma colher de chá de sêmen sai do pênis quando um homem ejacula. Há de trezentos a quinhentos milhões de espermatozoides nessa pequena quantidade de fluido. Lembre-se, porém, de que os espermatozoides são muito pequenos. Eles constituem apenas uma pequena parte do sêmen ejaculado. A maior parte do fluido vem das vesículas seminais e da próstata.

Tubos, tubos e mais tubos

Dentro da próstata, os canais ejaculatórios desembocam na uretra. A uretra é outro tubo. (Parece que você é cheio de tubos, não é?) A extremidade superior dela se liga à bexiga, o local onde a urina é armazenada. A uretra passa através da próstata e chega ao pênis. Percorre todo o pênis e sua extremidade inferior forma a abertura urinária na ponta do pênis.

Quando você ejacula, o sêmen é bombeado através da uretra e sai pela abertura urinária. Aliás, a urina também passa pela uretra e sai do corpo através da mesma abertura.

"Que nojo!", dizem meus alunos (pelo menos as meninas), quando descobrem que a urina e o sêmen saem do corpo pelo mesmo caminho. Mas não há nada de nojento nisso. A urina é apenas mais um líquido. Se você não tiver nenhuma infecção, sua urina está livre de germes. O sêmen também é perfeitamente limpo.

Além disso, sêmen e urina não percorrem a uretra ao mesmo tempo. Quando você vai ejacular, a ligação entre a bexiga e a uretra se fecha. A urina não pode sair da bexiga, e o sêmen não pode entrar nela.

Os espermatozoides são sensíveis à urina. Esse é um motivo por que o corpo impede que o sêmen e a urina entrem na uretra ao mesmo tempo. Para garantir que os espermatozoides não sejam agredidos pela urina, o corpo lava a urina com um fluido especial. Antes de você ejacular, as glândulas de Cowper liberam uma pequena quantidade desse fluido, chamado de fluido *pré-ejaculatório*, que neutraliza quaisquer vestígios de urina que possam ter permanecido na uretra. Abordaremos esse tema quando explicarmos a ejaculação.

GATORADE PARA ESPERMA

Jogadores de futebol americano bebem Gatorade durante uma partida porque essa bebida tem bastante açúcar e vitamina. Ela dá aos jogadores uma "injeção" instantânea de energia. O fluido das vesículas seminais é como o Gatorade para os espermatozoides. É um material revigorante, cheio de nutrientes e rico em açúcar, para energização rápida. Se não existisse esse Gatorade para o espermatozoide, nós não estaríamos aqui. Sem uma injeção de energia desse fluido, um espermatozoide não seria capaz de chegar ao óvulo de uma mulher e fertilizá-lo.

Afinal de contas, da saída do pênis até o óvulo, a viagem é longa para um minúsculo espermatozoide. Após ser ejaculado do pênis, o espermatozoide precisa nadar até a parte superior da vagina. Lá, deve passar através da cérvice, o estreito túnel que leva ao útero. Em seguida, tem de se deslocar através de todo o útero. Por fim, o espermatozoide tem de nadar até metade da tuba uterina para encontrar o óvulo.

Há milhões de espermatozoides, mas só um consegue entrar no óvulo e fertilizá-lo. É uma concorrência e tanto! O vencedor precisa nadar muito rápido e derrotar todos os outros até chegar ao óvulo.

Ao todo, o espermatozoide percorre cerca de quinze centímetros. Não parece muito, mas os espermatozoides medem muito menos de um milímetro. Quinze centímetros equivalem para eles a quase cinco quilômetros. Você não precisaria de uma injeção de energia para percorrer cinco quilômetros em velocidade total?

EJACULAÇÃO

Parece que os médicos não resistem ao hábito de classificar as coisas em estágios. A ejaculação é dividida em dois: *emissão* e *expulsão*. Na emissão, os espermatozoides e outros fluidos se misturam para formar o sêmen. O estágio de expulsão é a ejaculação propriamente dita do sêmen a partir do pênis (ver Figura 37). Ao todo, os dois estágios da ejaculação duram apenas dez segundos ou pouco mais. No entanto, os sentimentos são tão intensos que parecem ser mais longos.

Emissão

Esse estágio começa com contrações musculares na próstata, nas vesículas seminais, nos testículos, no epidídimo e nos canais deferentes. As contrações bombeiam espermatozoides para cima, para fora dos canais deferentes e para dentro dos canais ejaculatórios. Ao mesmo tempo, espremem fluidos para fora das vesículas seminais e da próstata. Dentro dos canais ejaculatórios, esses fluidos se misturam com os espermatozoides. Como sabemos, a mistura de espermatozoides com fluidos das vesículas seminais e da próstata é o que se chama de sêmen. Mais contrações agora bombeiam o sêmen até a parte superior da uretra. Nesse estágio, a ligação com a bexiga se fecha para que o sêmen e a urina não se misturem.

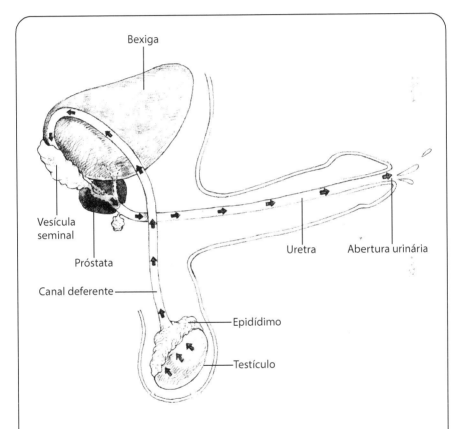

Figura 37. Sêmen e ejaculação. Pouco antes da ejaculação, os músculos em cada testículo, epidídimo e canal deferente se contraem ritmicamente. Os espermatozoides são bombeados para cima através dos canais deferentes até a parte principal do corpo e, por fim, até a próstata. No canal ejaculatório, os espermatozoides se misturam com o fluido das vesículas seminais e da próstata para formar o sêmen. No momento da ejaculação, mais contrações musculares bombeiam o sêmen através da uretra e para fora da abertura urinária.

Pouco antes e durante o estágio de emissão, a sensação de excitação sexual aumenta muito rápido. Quando ocorre a emissão, você sabe com certeza que a ejaculação está próxima e não pode ser evitada.

Expulsão

No segundo estágio da ejaculação, o sêmen é pressionado a partir da parte superior da uretra por uma série de vigorosas contrações musculares, percorrendo toda a extensão do pênis e saindo, em jatos, pela abertura na ponta deste.

As primeiras três ou quatro contrações são as mais fortes. Ocorrem com pouco menos de um segundo de intervalo entre uma e outra, e forçam a maior parte do sêmen para fora do pênis em três ou quatro jatos. Contrações mais fracas e menos regulares podem continuar por vários segundos. Essas contrações expulsam delicadamente qualquer sêmen restante.

As contrações podem ser tão fortes que o sêmen é jorrado à distância de uns trinta centímetros ou mais; mas a força das contrações varia de um momento para outro, e também de um indivíduo para outro. Em vez de jorrar, o sêmen pode escorrer para fora. A idade e outros fatores – incluindo o momento em que se deu a última ejaculação – podem afetar a força das contrações.

Cerca de uma colher e pouco de chá de sêmen sai do pênis durante a ejaculação. A quantidade varia. Se um homem já não ejacula há algum tempo, provavelmente haverá mais sêmen do que se ele tiver ejaculado recentemente. A cor também varia: o sêmen pode ser branco, esbranquiçado, cinzento ou transparente. Às vezes, tem uma coloração amarelada ou alaranjada.

Quando o sêmen de um homem adulto é liberado, costuma ser grosso, com aspecto de gel. Dali a cinco a vinte minutos, torna-se líquido. Os cientistas creem que o estado de gel ajuda os espermatozoides a sobreviver dentro do corpo da mulher.

Quando o sêmen seca na pele, pode se tornar um pouco escamoso e deixar manchas em tecidos, os quais podem ficar um pouco endurecidos.

Assim como a cor, a consistência do sêmen também varia. Nem sempre ele é grosso, como a textura de gel, podendo se apresentar cremoso, um pouco mais aquoso ou pegajoso.

Fluido pré-ejaculatório

Às vezes, uma ou duas gotas de um fluido pegajoso, transparente ou um pouco opaco aparece na ponta do pênis antes da ejaculação. É o fluido pré-ejaculatório produzido pelas glândulas de Cowper. Como dissemos, esse fluido lava a uretra, neutralizando quaisquer ácidos de urina que pudessem agredir os espermatozoides.

O fluido pré-ejaculatório pode aparecer no estágio da emissão ou antes. Às vezes, surge logo após o homem ficar excitado ou ter uma ereção. Geralmente, há apenas uma ou duas gotas dele. Entretanto, pode aparecer em uma porção maior – cerca de dez ou vinte gotas. Quanto maior for o tempo entre a ereção e a ejaculação, maior será a quantidade desse fluido.

É possível que você nem o veja cada vez que ejacular. Na verdade, alguns homens raramente o notam, se é que o notam. Visível ou não, a liberação do fluido pré-ejaculatório é uma parte normal da excitação sexual.

Esse fluido pode conter espermatozoides vivos. É por isso que uma mulher pode engravidar mesmo que seu parceiro retire o pênis de sua vagina antes de ejacular.

A primeira ejaculação

A idade em que os garotos começam a produzir espermatozoides e que ejaculam pela primeira vez varia muito. Alguns ejaculam muito cedo na puberdade. Seus testículos mal começaram a crescer e eles têm poucos pelos púbicos ou nenhum. Por outro lado, alguns meninos só começam a ejacular quando chegam ao estágio 5, tanto dos pelos púbicos quanto do crescimento genital.

A maioria dos garotos ejacula pela primeira vez entre as idades de 11 e 15 anos e meio, mas há alguns que ejaculam antes ou depois dessa faixa. A maioria tem a primeira ejaculação quando se masturba ou quando tem um sonho molhado. *Masturbação* consiste em esfregar, tocar ou estimular de alguma outra maneira os órgãos sexuais para dar a si próprio prazer sexual. Falaremos mais da masturbaçao e dos sonhos molhados no capítulo seguinte; por ora explicaremos a diferença entre ejaculação e *orgasmo*. A ejaculação é o ato físico de liberar sêmen pelo pênis. Orgasmo é a sensação, ou o sentimento, que costuma acompanhar a ejaculação. É um espasmo de intenso prazer sexual que ocorre quando a tensão crescente durante a excitação sexual é subitamente liberada.

Ejaculação e orgasmo costumam ocorrer juntos, mas é possível ter um sem o outro. Por exemplo, muitos meninos têm orgasmos antes de entrarem na puberdade. Por definição, porém, eles não ejaculam enquanto não começam a produzir espermatozoides. Lembre-se de que a ejaculação é a liberação de sêmen, e sêmen é uma mistura de espermatozoides e outros fluidos. Se você ainda não produz espermatozoides, certamente não pode liberar o sêmen, que os contém. (Veremos mais a respeito dos orgasmos no capítulo 7.)

No começo, o sêmen de um jovem pode conter muito poucos espermatozoides. Os espermatozoides presentes não são do tipo maduro, capaz de fertilizar um óvulo. Pode levar alguns anos até o garoto ejacular uma quantidade razoável de espermatozoides plenamente maduros, mas, mesmo no começo, talvez ele ejacule *alguns* destes. Portanto, quando o menino ejacula pela primeira vez, é considerado capaz de gerar um bebê. (Isso não significa, é claro, que ele está preparado para ser pai, mas apenas que é *fisicamente* capaz de sê-lo.)

A princípio, um menino pode ejacular sêmen transparente ou ligeiramente amarelo ou alaranjado. Quando ele fica mais velho e começa a produzir uma quantidade maior de espermatozoides maduros, suas ejaculações provavelmente serão esbranquiçadas. Quando o garoto amadurece, a força das contrações que bombeiam seu sêmen para fora durante a ejaculação aumenta. Em meninos mais novos, o sêmen costuma escorrer ou escoar. Quando se tornam um pouco mais velhos, há uma tendência maior de ele sair em jatos, embora nem sempre isso aconteça. Independentemente de o sêmen escorrer ou sair em jatos, isso não afeta a habilidade para gerar um bebê.

Antes de sairmos do tema dos órgãos reprodutores masculinos, queremos falar de alguns dos problemas médicos mais comuns e de outros nem tanto.

OS ÓRGÃOS REPRODUTORES MASCULINOS: QUESTÕES DE SAÚDE

Os meninos costumam fazer muitas perguntas a respeito da saúde e de problemas médicos que afetam seus órgãos reprodutores. Por isso, resolvemos incluir algumas informações importantes neste livro. Mas você não deve ficar assustado por causa delas. A intenção é deixá-lo alerta, mas não paranoico.

Câncer dos testículos e autoexame testicular (AET)

O câncer dos testículos é o tipo mais comum de câncer em homens entre 15 e 35 anos. Homens jovens morrem mais desse tipo de câncer que de qualquer outro. Entretanto, é uma doença perfeitamente curável se descoberta e tratada logo.

O exame mensal de seus testículos pode literalmente salvar sua vida. Permite que você detecte o primeiro sinal de câncer – um pequeno calombo em um dos testículos. Nos estágios iniciais, geralmente o único sintoma é esse nódulo. Geralmente só um dos testículos é afetado. O nódulo costuma ser indolor. Alguns homens, porém, sentem um peso ou uma dor intermitente. A melhor maneira de se proteger é descobrir o câncer logo no início, fazendo o *autoexame testicular* (AET). Além disso, peça ao seu médico que examine seus testículos em seus *check-ups* de rotina. Os autoexames e os exames médicos são particularmente importantes para o homem que tem ou teve um testículo não descido. (Ver páginas 77 e 78.) Um testículo não descido, mesmo que tenha sido corrigido, aumenta o risco de câncer testicular.

Costuma-se recomendar que todos os garotos entre 13 e 18 anos aprendam a fazer o AET. Como é um exame que deve ser mensal, alguns homens o fazem no primeiro dia de cada mês para não esquecer. Assim como todas as coisas, o AET requer certa prática, mas, depois de algum tempo, só leva três minutos ou um pouco mais. O ideal é que o autoexame seja feito após um banho quente. O calor faz com que a bolsa escrotal relaxe, deixando mais fácil para você sentir se há alguma coisa incomum nos testículos. Você deve se sentar ou deitar para realizar o exame.

Verifique um testículo por vez. Examine os dois, pois geralmente a doença afeta apenas um. Faça o exame com as duas mãos. Coloque os dedos indicadores e médios sob o testículo e os polegares em cima (ver Figura 38). Role o testículo delicadamente entre os polegares e os outros dedos. Ele deve estar liso e firme, mas não duro. (Lembre-se: um testículo é um pouco maior que o outro. Não se preocupe com isso, é normal.)

Você vai sentir uma estrutura macia, como um cordão, na parte superior e traseira dos testículos. Esse não é um caroço anormal: é o epidídimo. Separe-o delicadamente do testículo com os dedos e sinta o testículo em si. Tente perceber se há um calombo geralmente do tamanho de uma ervilha, parecido com uma pedrinha ou um amendoim.

Se encontrar um caroço assim, não significa que seja câncer. Pode ser um nódulo oriundo de uma infecção, mas é bom consultar o médico imediatamente. Se o nódulo for o resultado de uma infecção, o médico recomendará o tratamento apropriado. Se for canceroso, existem tratamentos excelentes para isso. Lembre-se de que o câncer testicular é facilmente curável, principalmente se for detectado e tratado logo.

Dor nos testículos

Quase todos os meninos sabem como uma pancada acidental nos testículos dói. Às vezes, uma dor testicular intensa e súbita também surge quando não há contusão alguma. Eis algumas informações para ajudá-lo a lidar com isso.

- **Dor forte após uma contusão:** Como ficam dependurados no lado externo do corpo, o escroto e os testículos estão sujeitos a contusões. Qualquer pancada nessas partes pode causar uma dor extrema, mas a maioria das contusões acidentais não requer tratamento médico.

    Se você levar uma pancada nos testículos, aplique sobre eles compressas frias ou uma bolsa de gelo. Deite-se para não forçá-los. Se a dor diminuir em uma hora ou pouco mais, pode-se deduzir que não houve danos sérios.

    No entanto, ligue para o médico ou chame uma ambulância, se acontecer o seguinte:

    - a dor não passar dentro de uma hora ou um pouco mais;
    - a dor piorar;
    - houver hematomas ou inchaço;
    - você tiver dificuldade para urinar ou a urina sair com sangue (rósea).

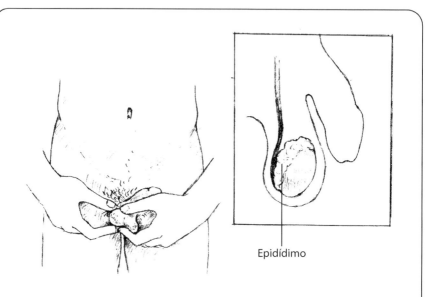

Figura 38. Autoexame testicular. O autoexame testicular deve ser feito mensalmente. Use as duas mãos para examinar cada testículo.

Qualquer um desses problemas pode indicar que há hemorragia dentro do testículo ou do escroto. Se não for tratada, pode prejudicar o tecido saudável. Por isso, se você tiver qualquer um desses sintomas, ligue imediatamente para o médico ou chame uma ambulância.

Algumas contusões podem ser evitadas se você usar um suporte com alças, do tipo *jockstrap*, ou algum outro tipo de protetor em atividades esportivas (ver *box* a seguir)

- **Dor forte, súbita, sem contusão:** Vá imediatamente ao médico ou ao pronto-socorro, se você tiver uma dor intensa e súbita nos testículos sem ter sofrido contusões. Mesmo que a dor desapareça tão rapidamente como sur-

---

PROTETOR PARA OS TESTÍCULOS E OUTROS SUPORTES ATLÉTICOS

Contusões no escroto e nos testículos às vezes são *muito* doloridas. Para se proteger em esportes de contato, use um protetor de testículos em forma de bojo. Ele cobre o pênis e a bolsa escrotal, ou pode ser um suporte com alças, do tipo *jockstrap* (ver Figura 39). O protetor mole é recomendado para o futebol. Para esportes de alto impacto, como futebol americano ou boxe, você precisa de um protetor feito de plástico duro.

É comum os meninos se preocuparem quanto ao tamanho dos *jockstraps*. Mas eles são vendidos de acordo com o tamanho da *cintura*, não dos órgãos sexuais. Os *jockstraps* também variam muito de acordo com as marcas. Ignore a informação de "grande", "médio", "pequeno". Veja o tamanho da cintura impresso na etiqueta. Já os protetores em forma de bojo vêm em dois tamanhos: adulto e jovem (para garotos).

Para esportes que envolvem atividades como correr, saltar e executar movimentos súbitos, você pode usar um suporte sem o protetor, ou algum outro tipo de suporte atlético. Ele segura o escroto e os testículos rente ao corpo, protegendo-os de impactos. Os suportes do tipo *jockstrap* não são confortáveis e muitos atletas preferem outros tipos. *Shorts* de corrida combinam *shorts* externos com um tipo de "rede", que segura os genitais. *Shorts* de compressão seguram os genitais num tipo de *shorts* com duas camadas. Os *shorts* externos geralmente são feitos de *nylon*. Os internos são bem apertados e feitos de material elástico.

É importante lavar o suporte atlético com frequência. Do contrário, você poderá pegar alguma infecção por fungos.

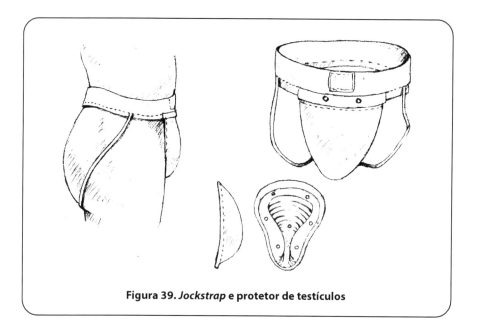

Figura 39. *Jockstrap* **e protetor de testículos**

giu, você deve procurar ajuda. As duas causas mais prováveis desse tipo de dor são *torção* e *hérnia inguinal*.

- **Torção testicular:** Trata-se de uma condição incomum, porém extremamente dolorida e séria, em que o testículo fica torcido dentro do escroto. Acontece principalmente em meninos entre 12 e 18 anos. Pode ocorrer após exercícios físicos intensos ou levantamento de peso. Porém, geralmente ocorre sem uma causa definida.

  Os sintomas podem surgir enquanto o jovem está dormindo. Ele acorda com uma dor súbita em um dos testículos. Pode haver inchaço, náusea, vômito ou febre. O indivíduo pode se sentir fraco. A condição requer assistência médica imediata, essencial para impedir o dano permanente ou mesmo a perda do testículo. Mesmo que o testículo volte ao normal, talvez seja necessária uma cirurgia para impedir problemas futuros.

- **Hérnia inguinal:** Essa condição também pode causar dores intensas no escroto. Uma hérnia ocorre quando parte dos intestinos se projeta através de um ponto fraco na parede do abdômen. Se acontecer na parte inferior do abdômen, pode causar dor e protuberância no escroto. Se não for tratada, essa espécie de hérnia pode causar sérios problemas. Mas, se tratada imediatamente, não é grave. Geralmente, o tratamento consiste em cirurgia para reparar o ponto fraco.

Felizmente, esses problemas não são muito comuns. É bom ter alguma informação a respeito deles, mas, se você for como a maioria dos garotos, ficará mais interessado no capítulo seguinte, que aborda masturbação e orgasmos.

7
EREÇÕES ESPONTÂNEAS, ORGASMOS, MASTURBAÇÃO E SONHOS MOLHADOS

AS EREÇÕES ACONTECEM EM REAÇÃO AO TOQUE e a outras formas de estimulação sexual. No capítulo 6, você aprendeu que os homens também têm ereções durante o sono. Também podem acontecer quando o homem está acordado e não está fazendo nem sequer pensando em coisa alguma de natureza sexual. É o que chamamos de *ereções espontâneas*, e elas ocorrem particularmente durante a puberdade.

Dizemos que são espontâneas porque acontecem "sozinhas", sem a presença de toque ou de qualquer outro estímulo sexual. Outros nomes são ereções de *reflexo, involuntárias* ou indesejadas. Neste capítulo, você vai aprender sobre as ereções espontâneas e como lidar com elas.

No capítulo 6, vimos também a questão do orgasmo – o sentimento físico de prazer sexual que costuma acompanhar a ejaculação. Neste capítulo, você vai aprender mais a respeito deles e sobre como seu corpo reage quando você está sexualmente excitado.

Como explicamos no capítulo anterior, a maioria dos meninos tem a primeira ejaculação enquanto se masturba. Masturbar-se significa tocar, apalpar, esfregar ou estimular de alguma outra maneira os órgãos genitais para obter prazer sexual. Alguns garotos ejaculam pela primeira vez durante um sonho molhado. Os sonhos molhados são ejaculações que acontecem enquanto você está dormindo. Se você é como a maioria dos meninos, provavelmente tem muitas perguntas a respeito da masturbação e dos sonhos molhados. Tentaremos respondê-las neste capítulo.

EREÇÕES ESPONTÂNEAS

Ereções fáceis e frequentes são parte da vida na puberdade. O pênis leva algum tempo para se acostumar com todos os novos hormônios sexuais produzidos pelo corpo. Trata-se de um órgão muito sensível. Contudo, conforme você fica mais velho, ele não reage mais tão rapidamente, e as ereções espontâneas são menos frequentes. Até lá, porém, podem causar certo constrangimento. Um menino em minha aula contou a seguinte história:

Eu estava na praia usando sunga. Vi uma menina cheia de curvinhas deitada numa toalha. Meu pênis ficou duro e tive que correr para o mar para ninguém ver.

– Darryl, 12

Outro nos disse o seguinte:

Pois é, às vezes tenho ereções quando estou correndo. É por isso que sempre uso *shorts* por cima do moletom. Quando fico duro, parece que tenho um pau de barraca por baixo de uma calça larga.

– Julio, 13

Um homem se lembrou de como foi a experiência dele:

Acontecia a qualquer hora. Eu podia estar na escola, de pé no corredor ou em outro lugar, e pronto! Ficava duro. Punha os livros mais ou menos na frente e tentava esconder para ninguém ver. Era muito embaraçoso.

– Joe, 32

Muitos nos contaram histórias sobre ereções quando tinham que falar, diante da classe.

Tive que fazer uma apresentação um dia, na aula. Era um assunto engraçado. Lá estava eu, de pé, na frente de todo mundo e, de repente, fiquei duro. Não sei se todos riram das minhas piadas na apresentação ou do que aconteceu.

– TYRONE, 28

Se você tem muitas ereções espontâneas, é bom saber que são perfeitamente normais. Lembre-se de que não é o único. Outros meninos da sua idade passam pela mesma situação. Lembre também que nem sempre elas saltam tanto aos olhos dos outros como aos seus.

COMO LIDAR COM AS EREÇÕES

Você não pode impedir que elas aconteçam, mas aqui vão alguns conselhos para ajudá-lo a lidar com elas:

- Use camisas compridas por fora da calça.
- Mude o caderno de posição para cobrir a ereção.
- Carregue um livro para segurar na frente da ereção.
- Sente-se.
- Ponha as mãos nos bolsos da calça e mude o pênis para o lado.
- Use um agasalho amarrado na cintura, de modo que as mangas cubram a frente do corpo.
- Pense em outras coisas até a ereção passar.

ORGASMO

Orgasmo é a súbita e explosiva liberação de tensão sexual que costuma acompanhar a ejaculação. É possível ter um orgasmo sem ejacular. Por exemplo, é comum os garotos se masturbarem até o ponto do orgasmo antes de entrarem na puberdade e começarem a ter ejaculações. Também é possível ejacular sem ter orgasmo. Geralmente, porém, ejaculação e orgasmo vêm juntos.

É difícil descrever *exatamente* qual é a sensação. Os orgasmos variam de uma pessoa para outra, de um momento a outro para a mesma pessoa. Às vezes, seu orgasmo pode ser muito forte, com sentimentos prazerosos começando nos genitais e irradiando pelo corpo inteiro. Em outros, o orgasmo pode ser menos intenso, e a sensação se concentrar na área genital; mas, a despeito das várias diferenças, as descrições gerais dos homens a respeito de seus orgasmos são muito semelhantes.

Eles costumam dizer que o orgasmo começa com uma sensação de profundo calor ou pressão. Isso corresponde ao estágio de emissão, da ejaculação. Nesse estágio, as contrações forçam o sêmen para a parte superior da uretra (ver capítulo 6, página 127).

Há também a sensação de que o orgasmo e a ejaculação estão próximos e não há como evitá-los. De repente, ocorrem acentuadas e prazerosas contrações em toda a área genital. Alguns homens as descrevem como uma sensação de bombeamento. Por fim, há uma onda quente de fluido ou uma sensação de jato enquanto o sêmen percorre a uretra e é ejaculado através da abertura urinária.

Tanto fatores emocionais quanto físicos afetam a intensidade do orgasmo. A quantidade de sêmen ejaculada é um desses fatores. Você ejacula mais sêmen que o normal se estiver já há algum tempo sem ejacular. Seu orgasmo também é mais intenso nessa situação. Por outro lado, se você ejacular mais de uma vez em um curto período de tempo, haverá cada vez menos sêmen. Um orgasmo dura só uma questão de segundos, mas o sentimento é tão intenso que parece muito mais longo.

Alguns dos homens que entrevistamos descrevem o orgasmo como "fantástico", "demais" ou "lindo". Alguns disseram: "Não há palavras para descrever", ou "Não é uma coisa que a gente pode explicar". Alguns homens, porém, conseguiram descrevê-lo detalhadamente. Um deles o definiu de uma maneira que outros homens concordaram. Veja o que ele disse:

> Parece que há uma sensação gostosa nos genitais e no corpo que sobe e desce, mais ou menos como uma onda de um bom sentimento sensual permeando o corpo inteiro. Quando o sêmen sai – o jato –, é uma coisa meio de tranco. Não é um sentimento lá muito maravilhoso, mas as ondas sensuais são acompanhadas com os pulsos do jato, o que é muito gostoso.
>
> – WILL, 46

A resposta sexual masculina

O orgasmo é o auge da resposta do corpo à excitação sexual. As mudanças no corpo masculino que conduzem ao orgasmo e depois dele – bem como o próprio orgasmo – são coletivamente chamadas de resposta sexual masculina. Às vezes, a resposta é mais intensa que em outras, mas é basicamente a mesma, esteja você se masturbando ou transando.

A resposta sexual masculina começa com a excitação sexual e a ereção. A ereção pode se estender após o orgasmo, ou pode diminuir e aumentar várias vezes antes da ejaculação.

À medida que a excitação sexual continua e ruma para o orgasmo, várias outras mudanças ocorrem. A pele do escroto fica mais grossa e mais apertada. Os testículos começam a inchar e a se aproximar mais do corpo. Quando você chega ao orgasmo, os testículos podem ter aumentado seu tamanho em 50%.

A tensão muscular aumenta enquanto a excitação cresce. Os batimentos cardíacos e a pressão arterial também. A respiração fica mais profunda e pesada. A pele do rosto, do peito e de outras partes do corpo pode corar, ficar muito vermelha ou de uma coloração mais intensa. É o que se chama de furor sexual. Os mamilos podem ficar rígidos e mais proeminentes. Os músculos em volta do ânus se apertam. A abertura na glande do pênis se alarga. A glande pode inchar e escurecer. Às vezes aparecem uma ou duas gotas de fluido pré-ejaculatório na ponta do pênis.

A excitação sexual pode continuar crescendo até o ponto do orgasmo ou pode parar antes. Se continuar, o batimento cardíaco e a tensão muscular também continuam aumentando, e os sentimentos de excitação ficam mais fortes.

Quando o orgasmo está prestes a acontecer, há a sensação de que o clímax se aproxima. A tensão muscular e o batimento cardíaco chegam ao máximo. No decorrer do orgasmo, há uma liberação explosiva da tensão que vinha se acumulando nos músculos. Ondas de contrações musculares na área genital dão sensações de intenso prazer físico. As contrações acontecem com um pouco menos de um segundo de intervalo. As primeiras três ou quatro são as mais fortes e as mais prazerosas.

No ponto do orgasmo, pode haver movimentos musculares involuntários no rosto (sorriso espasmódico) ou nas mãos e pés (agarrar, arquear). Também podem ocorrer espasmos em outras partes do corpo.

Após o orgasmo, o corpo relaxa e começa a voltar ao normal. Alguns homens transpiram muito nesse ponto, mesmo que não tenham exercido grande esforço. O batimento cardíaco, a respiração e a pressão arterial retornam ao normal. Os testículos e o escroto afrouxam. O pênis fica mole novamente. Pode levar de cinco minutos a duas horas até o corpo ficar totalmente normal.

ER.EÇÕES ESPONTÂNEAS, ORGASMOS, MASTURBAÇÃO E SONHOS MOLHADOS | 141

Depois de um orgasmo, os homens costumam se sentir muito relaxados, e às vezes com sono. Por algum tempo não conseguem ter outro orgasmo, embora possam ter uma ereção parcial. Esse intervalo pode durar entre alguns segundos e um dia ou mais. De modo geral, quanto mais velho fica o homem, mais tempo demora a estar pronto para outro orgasmo.

Talvez você não note todas as mudanças que estamos descrevendo. Os sentimentos de prazer físico que as acompanham podem ser tão intensos a ponto de você não perceber todos os detalhes.

MASTURBAÇÃO

Como dissemos, masturbação significa "toque ou carícia deliberados nos órgãos sexuais para obtenção de prazer sexual". Você provavelmente já ouviu muitas gírias para se referir a isso.

Se um homem ou um garoto se masturba por muito tempo, geralmente tem um orgasmo, mas ele também pode parar antes de atingi-lo. Ou, se teve um orgasmo recentemente, talvez não consiga ter outro logo em seguida. Mesmo que não tenha um orgasmo, porém, a ereção passa depois de algum tempo.

A maioria dos garotos (e dos homens também) se masturba. Contudo, alguns podem não se masturbar. É normal se masturbar e é normal não se masturbar. Um jovem pode se masturbar até chegar ao orgasmo, mesmo antes de entrar na puberdade, sem, contudo, ejacular.

Alguns homens começam a se masturbar quando são meninos bem novos e continuam por toda a vida. Alguns se masturbam até entrarem na puberdade e começarem a produzir espermatozoides. Esses meninos podem ter o primeiro orgasmo e a primeira ejaculação ao mesmo tempo. Alguns só começam quando são mais velhos. E há meninos que nunca se masturbam.

Entretanto, a grande maioria dos homens se masturba. Em uma pesquisa, 95% dos homens e 89% das mulheres afirmaram que se masturbam. Sim, as mulheres também se masturbam! Na verdade, pessoas de todas as idades, de ambos os sexos e de todos os tipos se masturbam. Claro que as mulheres não ejaculam esperma como os homens, mas elas também têm orgasmos. Algumas mulheres também produzem um súbito jato de fluido quando atingem orgasmos, mas não é uma ejaculação igual a dos homens.

Meninos às vezes pensam que, quando uma pessoa começa a ter relações sexuais, ela para de se masturbar. Isso não é verdade. Muitas pessoas casadas

Você não está vendo ninguém com pelos na palma da mão, está?

Antigamente, as pessoas pensavam que todo tipo de coisa ruim aconteceria se você se masturbasse. Nasceriam verrugas no nariz e pelos nas palmas das mãos, você enlouqueceria, teria ataques cardíacos, espinhas, mãos úmidas e pegajosas, ficaria cego, fraco da cabeça e doido (para mencionar apenas algumas). Hoje em dia, sabemos que nada disso é verdade. (Se fosse, haveria muita gente com essas coisas por aí.)

As pessoas não acreditam mais nessas velhas histórias, mas a ideia de que a masturbação é prejudicial persiste. Por isso, se você já ouviu alguns dos mitos modernos a respeito da masturbação, queremos agora lhe expor os fatos reais.

- **Você não vai gastar seus espermatozoides nem ficar sem eles por causa da masturbação.** Você pode temporariamente reduzir seu suprimento de espermatozoides por causa de ejaculações reduzidas. Mas, como já foi dito aqui, seu corpo está constantemente produzindo milhões de novos espermatozoides por dia. Não há como o suprimento esgotar.
- **O excesso de masturbação quando você é jovem não terá efeitos prejudiciais em sua vida adulta.** Alguns garotos temem que, se eles se masturbarem muito quando são jovens, poderão gostar tanto que nunca vão apreciar uma relação sexual. Ou acham que o pênis ficará "muito acostumado" com a masturbação, que não conseguirá ejacular dentro de uma vagina. Ou temem que a masturbação deixe o pênis muito sensível ou muito insensível para funcionar direito na hora da relação sexual. As teorias vão crescendo em número e... estão todas erradas.

As coisas não funcionam assim. Na verdade, a maioria dos especialistas concorda que a masturbação é uma maneira de ensaiar para a vida adulta. Ao se masturbar, você aprende como seu corpo reage e o que lhe dá mais prazer. Quando você começar a fazer sexo, saberá melhor o que quer, o que o "excita" mais. Se souber tudo isso acerca de si próprio, será muito mais fácil dizer à outra pessoa do que você gosta e do que não gosta, e o que ela poderá fazer para aumentar seu prazer sexual.

Alguns homens têm orgasmos mais fisicamente intensos com a masturbação que com uma relação sexual. Isso não significa necessariamente que eles gostem mais de se masturbar do que de "transar". A relação sexual en-

EREÇÕES ESPONTÂNEAS, ORGASMOS, MASTURBAÇÃO E SONHOS MOLHADOS | 143

volve tocar e entrar em intimidade com outra pessoa. Por tudo isso, essa experiência é muito diferente da masturbação.

Outros homens acham que os orgasmos que experimentam durante a relação sexual são mais intensos que na masturbação. Há outros ainda que não notam diferença alguma.

Conforme você vai ficando mais velho, talvez ache que os orgasmos mais intensos vêm da masturbação, ou das relações sexuais, ou que a intensidade deles é a mesma nos dois casos. O quanto você se masturba na juventude não tem nada a ver com o tipo de orgasmo mais intenso para você quando você for adulto.

Lembre: a masturbação não é prejudicial em nenhum sentido.

Se você se masturba e ejacula muito, seu pênis pode ficar um pouco dolorido de tanto esfregar. Mas, fora isso, a masturbação não machuca.

- **Não, você não se masturba demais.** Como eu sei disso? Bem, claro que não tenho ideia de quanto você se masturba, mas seu corpo determina os próprios limites. Se um garoto se masturba demais, o pênis dele pode passar algum tempo sem ficar ereto, precisando de um descanso para voltar a ter ereções.

Suponho que seja melhor explicar melhor isso. Se você tem se masturbado muito a ponto de não sair mais para lugar nenhum, não ter amigos nem *hobbies* ou interesses pessoais além da masturbação, e passa todo o seu tempo livre sozinho em seu quarto, se masturbando... Bem, realmente, você está se masturbando demais. Fora essa situação extremada, está tudo bem.

Alguns meninos se masturbam várias vezes por dia; outros, uma ou duas vezes por dia; outros ainda, apenas uma ou duas vezes por semana. Alguns garotos se masturbam menos ou mais que isso, e outros nunca se masturbam. Todos são normais.

Fantasias sexuais

Muitas pessoas gostam de imaginar coisas que as deixam mais excitadas quando se masturbam. Imaginar ou fingir que algo está acontecendo é o que chamamos de sonhar acordado ou fantasiar. Sonhamos acordados e fantasiamos todos os tipos de coisas. Podemos, por exemplo, sonhar acordado com um atleta famoso ou com uma estrela do *rock*. Quando nossos sonhos acordados têm a ver com coisas de natureza sexual, são chamados de *fantasias* sexuais.

Quase todo mundo tem fantasias sexuais. Podemos tê-las quando nos masturbamos e em outros momentos também. As fantasias podem ser uma forma rica e variada de experimentar coisas que talvez façamos um dia. Outras vezes, fantasiamos com coisas que nos deixariam envergonhados ou até mal se as fizéssemos de verdade.

Algumas pessoas se preocupam com o fato de que suas fantasias sexuais possam ter algo estranho. Se você já se preocupou com isso, esqueça. Os seres humanos (homens e mulheres) têm fantasias sexuais com toda sorte de coisas. Se você pensa que é o único que já teve uma fantasia específica, está enganado. Nós lhe garantimos que existem muitas outras pessoas que já tiveram uma fantasia quase idêntica. Mesmo assim, se você continua perturbado com seu tipo de fantasia sexual, converse com um terapeuta.

PERGUNTAS FREQUENTES

Os meninos em minhas aulas sempre têm muitas perguntas a respeito da masturbação. Eis algumas respostas às perguntas mais frequentes.

A masturbação pode afetar o desempenho atlético?

Não há evidências que sugiram que a masturbação afeta o desempenho atlético. É possível até que ela o ajude a relaxar antes de um jogo importante.

A masturbação é "pecaminosa" ou moralmente errada?

A ideia de "pecado" ou algo moralmente errado pode divergir muito de uma pessoa para outra. Hoje em dia, a maioria das pessoas não acha que a masturbação é moralmente errada ou pecaminosa; e, pessoalmente, somos dessa opinião. No passado, para muitas religiões a masturbação era pecado. Muitos líderes religiosos não concordam mais com isso, mas alguns ainda continuam pensando assim. O ponto de vista oficial da Igreja Católica, por exemplo, é de que se masturbar é pecado; isso não significa que todos os católicos, ou mesmo todos os padres católicos e líderes da igreja, concordem.

Se você se incomoda com a ideia de a masturbação ser ou não pecado ou moralmente errada, talvez valha a pena conversar com o responsável pela comunidade religiosa que você frequenta.

É estranho um garoto se masturbar com outros garotos?

Alguns garotos aprendem a respeito da masturbação com outros garotos. Alguns até a experimentam se masturbando juntos. Os jovens que se comportam

EREÇÕES ESPONTÂNEAS, ORGASMOS, MASTURBAÇÃO E SONHOS MOLHADOS | 145

assim frequentemente acham que isso pode não ser normal. Às vezes, pensam que tal ato significa que eles são *homossexuais*.

Homossexuais são pessoas que preferem contato sexual com pessoas do mesmo sexo. A maioria dos adultos em nossa sociedade é *heterossexual*. Ou seja, são pessoas que preferem ter experiências sexuais com indivíduos do sexo oposto. Falaremos mais da homossexualidade no capítulo 9. Por ora, basta você saber que se masturbar com outros garotos não significa que você é homossexual. Muitos meninos participam do que chamamos de "brincadeira sexual" com outros meninos. Talvez você já tenha tido alguma experiência assim e, depois, tenha se preocupado com ela, ou se sentido pouco à vontade. Nesse caso, leia o capítulo 9, no qual abordamos melhor o assunto.

Eu estava me masturbando e não queria esparramar sêmen por todo o pijama; então pus o dedo na ponta do pênis bem no momento da ejaculação para não sair nada. E não saiu, mas nos últimos dois dias, tenho sentido dor e está saindo um troço esbranquiçado dele. O que devo fazer?

Esse tipo de problema às vezes acontece. Chama-se ejaculação *retrógrada*, e ocorre quando o sêmen é impedido de sair em jatos através da abertura na ponta do pênis. Em homens mais velhos, alguns problemas de saúde podem causar ejaculação retrógrada; mas, em meninos, geralmente isso acontece quando o jovem está se masturbando e não quer que o sêmen saia.

Retrógrada significa "ir para trás". Na ejaculação retrógrada, o sêmen não consegue sair pelo pênis e, por isso, volta para a uretra. Ele pode ser forçado a subir pelo tubo que conduz à bexiga. O resultado é que a urina pode se tornar embaçada por algum tempo. O sêmen também pode ir parar na próstata. Em qualquer um dos casos, pode ocorrer dor e escorrimento pelo pênis.

Em algumas situações, os sintomas passam sozinhos; mas geralmente é preciso procurar um médico. Embora talvez seja embaraçoso explicar como aconteceu a ejaculação retrógrada, é importante consultar o médico se houver dor, escorrimento esbranquiçado ou urina embaçada. A próstata pode ficar irritada e suscetível a infecção se o sêmen entrar nela. O médico pode tratar de tais infecções com antibióticos. Se necessário, ele lhe receitará também analgésicos. Para evitar esses problemas, deixe o sêmen sair normalmente.

Quando dou uns "amassos" em minha namorada por muito tempo, fico com os testículos um pouco doloridos. Por que isso acontece?

Essa condição ocorre porque, quando você está sexualmente excitado, seu pênis fica ereto e seus testículos se enchem com mais sangue. Quando um homem ejacula, os vasos sanguíneos se abrem e o sangue flui rapidamente através das veias que conduzem para fora do pênis e dos testículos. Sem ejaculação, essa rápida liberação de sangue não ocorre. O resultado pode ser uma sensação incômoda e dolorida nos testículos. Não é uma condição prejudicial. A masturbação pode aliviar esse incômodo dolorido.

Se um garoto não se masturba nem tem relações sexuais, o que acontece com todos os espermatozoides?

Se um garoto não ejacula por meio de masturbação nem de relações sexuais, pode acontecer uma destas duas coisas: os espermatozoides morrem e são reabsorvidos pelo corpo, ou o jovem pode ejacular durante um sonho molhado.

SONHOS MOLHADOS

Um sonho molhado é uma ejaculação que ocorre durante o sono. Os médicos chamam os sonhos molhados de *emissões noturnas*.

Homens adultos também podem ter sonhos molhados, mas são muito mais comuns em meninos que estejam passando pela puberdade. Nem todos os garotos têm sonhos molhados nessa fase da vida, mas muitos os têm. Um garoto que se masturbe regularmente pode ter menos sonhos molhados que aquele que nunca ou raramente se masturba.

Alguns rapazes ejaculam pela primeira vez nesses sonhos. Se você não estiver preparado, o sonho molhado pode ser uma experiência confusa. Alguns garotos pensam que urinaram na cama ou que estão sangrando, até perceberem que o fluido branco e leitoso não se parece com sangue nem urina. Um homem mais velho que entrevistamos descreveu sua confusão quanto aos sonhos molhados.

Tenho... 67 anos de idade, portanto isso aconteceu há cinquenta anos, mas ainda me lembro de meu primeiro sonho molhado como se fosse ontem. Ninguém jamais havia me falado disso. Acordei no meio da noite, e lá estava aquele negócio molhado, pegajoso, espalhado sobre minha barriga. Pensei que tinha urinado na cama – naquela idade! Eu devia ter 13 ou 14 anos.

ERECÕES ESPONTÂNEAS, ORGASMOS, MASTURBAÇÃO E SONHOS MOLHADOS | 147

Dali a alguns dias, ou uma semana depois, aconteceu de novo. Só que dessa vez prestei mais atenção e vi que não era urina. Era branco e grosso, como uma loção ou creme, pegajoso. Achei que tinha alguma doença. Continuou acontecendo, até que um dia resolvi contar à minha mãe. Ela me disse que, se eu me controlasse e não pensasse "naquilo", não aconteceria mais. Não tinha ideia do que ela estava falando – me controlar do quê? Não pensar em que coisas? Eu não estava pensando em nada, estava dormindo.

– CHARLIE, 67

A mãe de Charlie estava enganada. Um jovem não pode impedir a si mesmo de ter sonhos molhados. São coisas que acontecem naturalmente. São completamente naturais e normais; e, assim como a masturbação, fazem parte do processo de produção de mais esperma. Mesmo que você já saiba sobre os sonhos molhados, a experiência pode ser surpreendente quando acontecer. Um garoto me disse, depois da aula:

Minha mãe e meu pai haviam me falado desse tipo de coisa desde que eu era criança. Mesmo assim, a primeira vez foi uma surpresa. Tudo ficou confuso, havia uma substância úmida em meu pijama, e a princípio eu não conseguia entender o que era. Estava meio dormindo. De repente, acordei e pensei: *Ah, era disso que a minha mãe estava falando.*

– GORDON, 14

Muitos meninos se sentem constrangidos quando têm um sonho molhado. Um dos filmes que uso em minhas aulas de educação sexual é intitulado *Sou normal?* Ele relata a experiência de um garoto que está atravessando a puberdade. Em uma cena, o menino acorda após um sonho molhado. Está tão constrangido que tira o pijama e os lençóis da cama, e anda furtivamente pelo corredor, até o banheiro. Abre a torneira e joga um copo de água sobre as roupas de cama e as joga num cesto de roupa suja. A mãe o ouve e o chama: "Está tudo bem, querido?", ela pergunta. "Algum problema?"

"Não, mamãe... Ah, mamãe, esqueci de lhe dizer... Derramei água na cama", ele explica, nervoso. "Acho que vou colocar os lençóis para lavar."

Os meninos em minha classe riem bastante dessa cena – provavelmente porque muitos deles já se sentiram do mesmo jeito. Mas os sonhos molhados não são motivo de vergonha. São naturais e normais, fazem parte do crescimento.

Quando termino de exibir o filme, geralmente aparecem perguntas sobre sonhos molhados na caixa de perguntas. Os garotos querem saber se os sonhos molhados só acontecem à noite. Explico que eles podem ocorrer em qualquer momento de sono. Se você cochilar durante o dia, é possível que tenha um sonho molhado. Então, esses sonhos só acontecem quando você dorme. Acordado, você só ejacula se estiver deliberadamente envolvido em alguma forma de estimulação sexual.

Os garotos em minha classe também querem saber se os sonhos molhados só ocorrem se houver um sonho de natureza sexual. "Você precisa ter um sonho *sexy*?", perguntam. Na verdade, todo mundo sonha enquanto dorme. Mesmo que você não se lembre do sonho quando acordar de manhã, você sonhou enquanto dormia. O termo sonho molhado não significa que você sonha sempre. Apenas refere-se ao fato de que os sonhos molhados ocorrem quando você está dormindo. Você pode ter um "sonho *sexy*" ou não. Às vezes, pode acordar depois de um sonho molhado e se lembrar de um sonho de natureza sexual, mas eles também acontecem sem um sonho dessa natureza. Ambas as coisas são possíveis.

Neste capítulo, falamos de vários temas que interessam aos garotos. Esperamos que o capítulo seguinte – que aborda a puberdade para as meninas – seja igualmente interessante.

8
AS MENINAS E A PUBERDADE

No decorrer da puberdade, geralmente obtemos algumas informações quanto ao que acontece com nosso corpo. São informações que vêm de nossos pais, professores e amigos. Muitas vezes, contudo, os pais e professores não nos falam do sexo oposto. (Acham que, se soubermos coisas sobre isso, vamos correr para transar.) Outros garotos talvez saibam tão pouco desse assunto quanto você. Entretanto, isso não os impede de passar informações erradas.

Ignorar o que acontece com o sexo oposto pode tornar a puberdade mais confusa do que já é. Por isso, trataremos neste capítulo das mudanças da puberdade no corpo das meninas. Se você for como a maioria dos rapazes, deve estar curioso quanto a isso. (Na verdade, não ficaremos surpresas se este for o primeiro capítulo que você está lendo.)

SEMELHANÇAS E DIFERENÇAS

Como você pode ver na Figura 40, as meninas mudam bastante quando entram na puberdade. Em muitos aspectos, a puberdade para elas é semelhante à puberdade dos garotos. Ambos passam por um estirão de crescimento e desenvolvem uma forma mais adulta de corpo. Tanto os meninos quanto as meninas começam a ter pelos públicos. Os órgãos genitais de ambos se desenvolvem. Os meninos começam a produzir esperma pela primeira vez, e as meninas, o primeiro óvulo maduro. Meninos e meninas começam a transpirar mais e ficam propensos a ter espinhas nessa fase da vida.

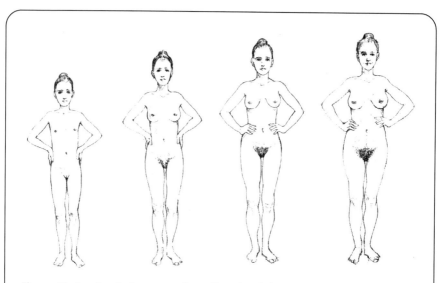

Figura 40. A puberdade nas meninas. Na puberdade, as meninas ficam mais altas. Começa a crescer tecido gorduroso em volta dos quadris, coxas e nádegas, o que dá ao corpo uma forma mais curvilínea. Os seios começam a se desenvolver e também nascem pelos púbicos, bem como pelos nas axilas.

Contudo, meninos e meninas são diferentes. Algumas mudanças que acontecem com os meninos não ocorrem com as garotas. Por exemplo, elas não passam pela mesma alteração de voz, que fica mais grave e profunda nos meninos. Há também mudanças que acontecem com as meninas e não com os meninos. Eles não menstruam, por exemplo. O começo da puberdade também é diferente. Para as meninas, é mais cedo. Em média, uma menina começa a desenvolver os seios antes de os testículos e o pênis começarem a se desenvolver no garoto. As meninas começam a ter pelos púbicos antes deles. Mesmo assim, como todos sabem, as pessoas não são uma média fixa. Algumas garotas entram na puberdade depois da média para as meninas. Por outro lado, alguns meninos entram nesse estágio da vida antes das meninas de sua idade.

Embora meninos e meninas não passem pelas mesmas mudanças, os sentimentos e as reações emocionais ao crescimento são muito semelhantes.

AS PRIMEIRAS MUDANÇAS

Para a maioria das meninas, o primeiro sinal da puberdade é o desenvolvimento dos seios ou o surgimento dos pelos púbicos (ou ambos). Para um número menor de garotas, os pelos nas axilas são o primeiro sinal. Essas mudanças acontecem nas mais variadas idades. Uma jovem pode entrar na puberdade com apenas 7 ou 8 anos de idade. Ou talvez só tenha pelos púbicos ou seus seios comecem a se desenvolver quando tiver 13 anos ou mais. Em média, as meninas entram na puberdade entre os 8 anos e meio e os 11 anos.

SEIOS

A Figura 41 mostra o interior do seio de uma mulher adulta. Como você pode ver, o seio contém glândulas e dutos mamários. As glândulas e os dutos são protegidos por bastante gordura. Quando uma mulher dá à luz, as glândulas mamárias começam a produzir leite. Para mamar, o bebê suga o mamilo da mãe. O leite percorre os dutos até o mamilo, que contém cerca de vinte minúsculas aberturas. Quando o bebê mama, o leite passa por essas aberturas.

No decorrer da puberdade, os seios de uma jovem começam a se desenvolver. O tecido das glândulas e os dutos mamários começam a se desenvolver sob ambos os mamilos, mas os seios ainda não estão prontos para produzir leite. Isso só vai acontecer quando a mulher der à luz e seu corpo estiver se preparando para alimentar o bebê.

Sentimentos em relação ao desenvolvimento dos seios

Enquanto os meninos se preocupam com o tamanho do pênis, as meninas se preocupam com o tamanho dos seios. Muitas garotas (e mulheres também) gostariam de ter seios maiores. Como você sabe, o tamanho do pênis de um homem nada tem a ver com sua masculinidade. Do mesmo modo, o tamanho dos seios da mulher nada tem a ver com sua feminilidade. Independentemente do tamanho, os seios funcionam igualmente bem e produzem a mesma quantidade de leite.

Sutiãs

Quando os seios começam a se desenvolver, muitas garotas passam a usar sutiã. Algumas usam porque se sentem mais confortáveis se os seios não balançarem quando correm, dançam ou praticam esportes. Outras usam porque se sentem mal sem ele. Outras ainda preferem não usar. Trata-se de uma escolha pessoal.

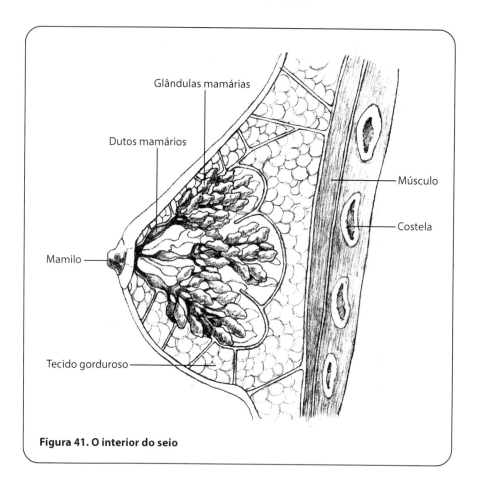

Figura 41. O interior do seio

OS ESTÁGIOS DA PUBERDADE

Você se lembra dos cinco estágios do desenvolvimento genital que discutimos no capítulo 2? Bem, os médicos devem gostar do número cinco, pois também categorizaram o desenvolvimento dos seios em cinco estágios, como você pode ver na Figura 42.

O estágio 1 é o infantil. Os seios ainda não começaram a se desenvolver. O estágio 2 marca o início do desenvolvimento dos seios. Um pequeno broto em forma de botão se forma sob cada mamilo, que, por sua vez, começa a ficar mais proeminente. Os mamilos aumentam e a aréola fica mais larga. Tanto os mamilos quanto a aréola adquirem uma coloração mais escura. Os brotos mamários às vezes ficam sensíveis ou doloridos. Normalmente, as meninas entram no segundo estágio entre os 8 anos e meio e os 11 anos de idade.

AS MENINAS E A PUBERDADE | 153

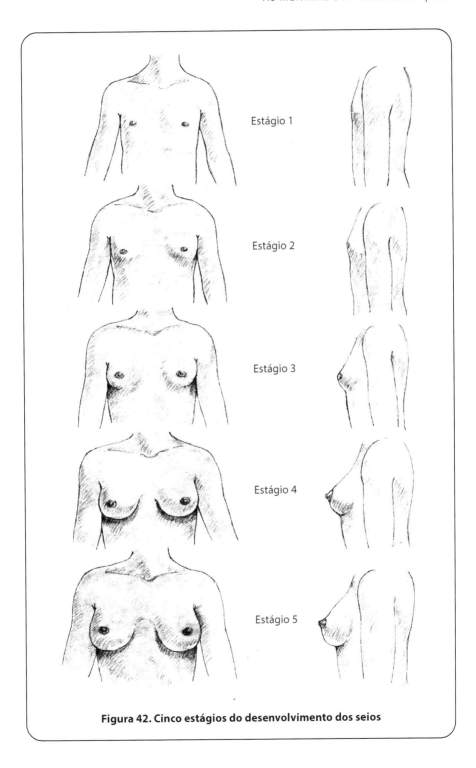

Figura 42. Cinco estágios do desenvolvimento dos seios

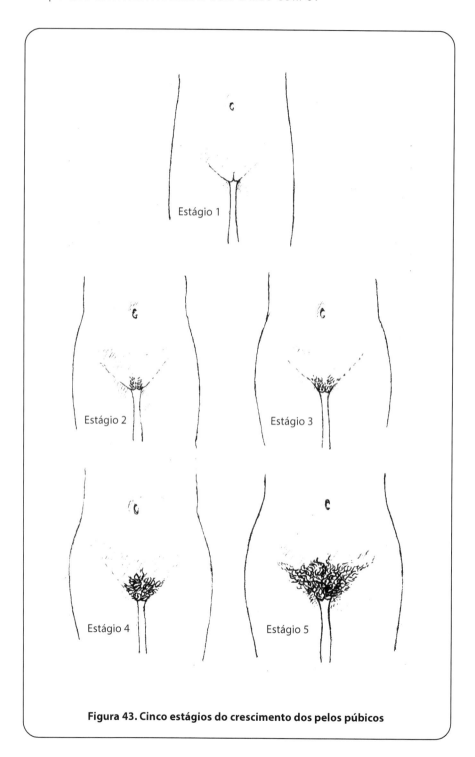

Figura 43. Cinco estágios do crescimento dos pelos púbicos

No estágio 3, os seios continuam crescendo, ficam mais arredondados e cheios, e se destacam ainda mais. A maioria das garotas entra nesse estágio entre 10 e 13 anos. No estágio 4, os mamilos e a aréola formam uma elevação separada na parte superior do seio. Os seios ficam um pouco pontudos nessa fase. Algumas meninas pulam esse estágio. Normalmente, uma jovem entra nele entre os 12 e os 14 anos. O estágio 5 é o adulto. Geralmente, elas entram nesse estágio entre os 13 e os 16 anos. Claro que nem todas as meninas são iguais. Algumas entram nesses estágios quando são um pouco mais novas ou um pouco mais velhas.

No decorrer da puberdade da menina, surgem pelos púbicos na vulva. Há também cinco estágios de crescimento de pelos púbicos para as meninas, como mostra a Figura 43.

No estágio 1, a menina ainda não tem pelos púbicos. Ela entra no estágio 2 quando os primeiros pelos púbicos começam a aparecer. Assim como no caso dos meninos, esses primeiros pelos não são muito enrolados e têm pouca cor.

No estágio 3, os pelos púbicos ficam mais escuros e mais enrolados. Cobrem uma área maior e são um pouco mais numerosos. No estágio 4, o pelo púbico já se torna grosso e enrolado, como o pelo adulto, mas não cobre uma área extensa da vulva, como acontecerá no estágio adulto, que é o estágio 5. Nele, os pelos crescem de cima para baixo, em um padrão triangular.

A idade em que um menino entra na puberdade nada tem a ver com a rapidez com que passará por todos os estágios. O mesmo acontece com as meninas. O momento em que uma jovem começa a desenvolver os pelos púbicos e os seios não tem relação com a rapidez com que ela entrará na idade adulta. Algumas meninas que começam cedo se desenvolvem rápido, e outras, devagar. O mesmo se aplica às meninas que demoram a entrar na puberdade e às que entram na idade média para as meninas. Algumas vão do estágio 2 ao 5 em dois anos ou menos. Outras levam seis anos ou mais. Em média, uma menina leva de três a quatro anos entre o segundo e o quinto estágios.

O momento em que um garoto entra na puberdade nada tem a ver com o tamanho de seu pênis. Garotos que entram cedo não vão necessariamente ter pênis maior. O mesmo acontece com as meninas e seus seios. Entrar cedo na puberdade não significa que a menina terá seios grandes ou que amadurecerão cedo.

Os estágios de desenvolvimento dos pelos púbicos e dos seios podem ser paralelos. Por exemplo, uma menina no estágio 3 do desenvolvimento dos seios pode estar no mesmo estágio de crescimento dos pelos púbicos. Entretanto, isso não é uma regra fixa. A garota pode estar no estágio 3 de desenvolvimento dos seios e apenas no segundo estágio de crescimento dos pelos púbicos. Ou pode estar no terceiro estágio de crescimento dos pelos púbicos e ainda no segundo de desenvolvimento dos seios.

O ESTIRÃO DE CRESCIMENTO

Assim como os meninos, as meninas passam por um estirão de crescimento durante a puberdade. Começam a ficar mais altas e a ganhar mais peso em um ritmo mais acelerado. Diferentemente dos meninos, porém, elas não têm um aumento de força física.

Para as meninas, o estirão de crescimento acontece no começo da puberdade. Para os meninos, ela ocorre mais tarde, ainda na puberdade. Com 10 ou 11 anos, as meninas costumam ser mais altas que os rapazes da mesma idade. No entanto, quando passam pelo estirão de crescimento alguns anos depois, os meninos acompanham as meninas e geralmente ficam mais altos que elas. É claro que algumas meninas sempre serão mais altas que a maioria dos meninos.

Mudança de forma

A forma do corpo de uma menina muda quando ela passa pela puberdade. Seus quadris ficam mais largos, e se desenvolve um tecido gorduroso em volta deles, das nádegas e coxas. Com isso, seu corpo adquire um formato mais curvilíneo, mais "de mulher". Assim como acontece com os meninos, o rosto da menina também muda e se torna mais adulto. Entretanto, a mudança não é tão acentuada nas meninas quanto nos meninos.

PELOS NO CORPO, SUOR, ESPINHAS E OUTRAS MUDANÇAS

Também surgem pelos nos braços e nas pernas das meninas durante a puberdade. Algumas depilam as pernas com lâminas ou cremes, cera ou algum outro método. Outras não se importam. De novo, é uma questão de escolha pessoal.

Assim como nos meninos, nelas também surgem pelos nas axilas, no decorrer da puberdade. A maioria das garotas os raspa. Glândulas sudoríparas e sebáceas na área genital, nas axilas, no rosto, no pescoço, nos ombros e nas costas também se tornam mais ativas nas meninas. O cheiro do corpo muda e comumente elas passam a usar desodorantes e antitranspirantes. Espinhas e acnes podem ser um problema para as meninas, como o são para os meninos; mas, de modo geral, a incidência de acne nelas é mais leve que neles.

OS ÓRGÃOS SEXUAIS

Os órgãos sexuais de uma menina se desenvolvem e mudam na puberdade. A Figura 2, no capítulo 1, mostra os órgãos sexuais externos maduros no corpo de uma mulher. É na puberdade que surgem pelos púbicos no monte de Vênus e nos lábios externos da vulva. O tecido gorduroso no monte fica mais grosso. Os lábios externos e internos se tornam mais gordurosos; os lábios externos, planos durante a infância, ficam mais grossos. Os lábios internos também se desenvolvem. Ambos os lábios internos e externos aumentam, ficam mais enrugados e mais escuros. As aberturas urinária e vaginal e o clitóris também aumentam.

Se você se lembra do capítulo 1, a ponta do clitóris é parcialmente coberta por um capuz. Esse capuz é formado pelas dobras da pele no ponto em que os lábios se juntam. (Ver Figura 2, página 29.) O resto do clitóris fica sob a superfície da pele. A ponta é um pequeno nó de tecido, róseo e firme. Na mulher adulta, ele tem o tamanho aproximado de uma borrachinha de lápis. Assim como o pênis, o clitóris é muito sensível a estímulos e toques de ordem sexual.

Masturbação

Como você sabe, os meninos costumam se masturbar tocando, esfregando ou acariciando o pênis de uma maneira que lhes dê prazer sexual. As meninas geralmente se masturbam tocando, esfregando ou acariciando o clitóris, ou a área em volta dele. Assim como os meninos, algumas meninas começam a se masturbar quando crianças e continuam a fazê-lo pela vida toda. Outras só começam quando entram na puberdade. Algumas só se masturbam quando são mais velhas, e outras nunca se masturbam. Qualquer uma dessas atitudes é perfeitamente normal.

Assim como os homens, as mulheres podem ter orgasmos quando se masturbam. Em muitos casos, os orgasmos são semelhantes em homens e mulheres. Ambos os sexos experienciam um acúmulo de tensão sexual e uma poderosa liberação dessa tensão no clímax. Porém, diferentemente dos homens, as mulheres não ejaculam quando têm um orgasmo. A vulva e a vagina se tornam úmidas, ou "molhadas", quando uma mulher fica sexualmente excitada. Mas essa lubrificação sexual não é ejaculação.

O hímen

O *hímen* de uma menina fica mais grosso e mais perceptível na puberdade. Trata-se de um fino pedaço de tecido dentro da abertura vaginal.

Ele tem um aspecto diferente em cada mulher – pode ser apenas uma borda de pele em volta da abertura da vagina, ou pode se estender pela abertura e ter um ou mais orifícios. A Figura 44 mostra alguns tipos de hímen.

Talvez você tenha ouvido várias histórias a respeito do hímen. Muita gente acha que é possível descobrir se uma menina é virgem pela condição de seu hímen, mas isso não é verdade. (Virgem é uma pessoa que nunca teve relações sexuais.)

É verdade que a maioria dos hímens se rompe ou estica quando a mulher faz sexo pela primeira vez. Entretanto, algumas mulheres têm muitas relações sexuais sem esticá-lo nem rompê-lo. Além disso, algumas meninas têm um hímen que parece esticado ou rompido, embora não seja, e apesar de nunca terem tido relações sexuais.

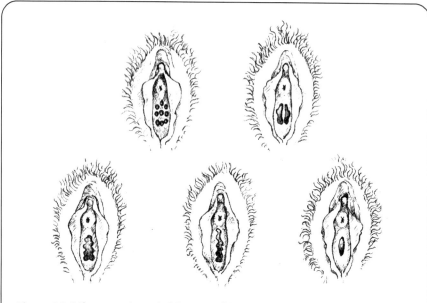

Figura 44. Diferentes tipos de hímens. O hímen pode ter uma ou duas aberturas grandes ou várias pequenas.

Quando o hímen se estica ou se rompe, pode haver ou não um pouco de sangramento. Pode ocorrer certo desconforto, mas a dor não é forte nem dura muito.

A vagina, o útero, os ovários e as tubas uterinas

As meninas têm órgãos sexuais internos também. Na puberdade, eles começam a se desenvolver e a crescer (ver Figura 45). A vagina fica mais longa, até chegar ao comprimento adulto de sete a doze centímetros. Não é muito. Como você deve se lembrar, o pênis normalmente mede quinze centímetros quando ereto. A vagina, porém, é muito elástica e estica-se facilmente. Assim, o pênis pode penetrá-la quando um homem e uma mulher têm relação sexual.

O útero e as tubas uterinas aumentam durante a puberdade. Na mulher adulta, o útero tem o tamanho aproximado de um punho. Ele também é muito elástico – tanto que pode se expandir para carregar um bebê em desenvolvimento.

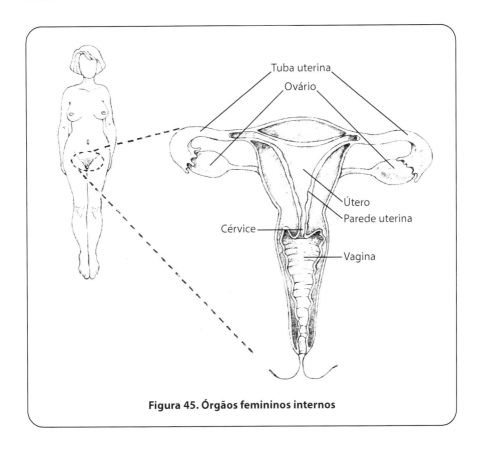

Figura 45. Órgãos femininos internos

Os ovários, dois pequenos órgãos em cada lado do útero, também aumentam de tamanho na puberdade. Além de crescerem, passam por uma mudança mais profunda nessa fase. Começam a produzir óvulos maduros. Quando um óvulo maduro se une a um espermatozoide maduro, um bebê pode ser gerado.

Ovulação

Por toda a sua vida adulta, os meninos sempre produzirão novos espermatozoides. Com as meninas é diferente. Elas nascem com toda a quantidade de óvulos que terão, mas nem todos estão plenamente maduros. No decorrer da puberdade, eles começam a amadurecer. Algum tempo depois de entrar na puberdade, ela começará a ovular – liberar um óvulo maduro do ovário. Mulheres adultas ovulam cerca de uma vez por mês. As meninas não ovulam muito, no começo.

Dois ou três anos podem se passar até elas começarem a ovular regularmente. Uma mulher adulta geralmente libera um óvulo maduro de seus ovários mais ou menos uma vez por mês.

Antes de o óvulo sair do ovário, o útero começa a se preparar para uma possível gravidez. Nele se desenvolve um revestimento grosso (parede uterina), no qual o óvulo se implanta, se estiver fertilizado. Novos vasos sanguíneos se desenvolvem na parede uterina e são capazes de levar sangue ao óvulo implantado. A parede uterina também começa a secretar nutrientes para nutrir o óvulo nos primeiros estágios de gravidez.

MENSTRUAÇÃO

Geralmente o óvulo não é fertilizado por um espermatozoide. Portanto, não se implanta na parede uterina, mas simplesmente se dissolve logo após chegar ao útero.

Como o óvulo não foi fertilizado, o revestimento não será necessário. Mais ou menos uma semana depois da dissolução do óvulo, o útero começa a expelir esse revestimento. Pedaços dele se desprendem, e um tecido esponjoso, cheio de sangue, se dissolve, tornando-se quase todo líquido. Esse líquido é chamado de sangue *menstrual* ou fluxo menstrual. Ele se acumula no fundo do útero. De lá, escorre para a vagina e sai pela abertura vaginal (ver Figura 46).

Pode levar de três a sete dias para o útero expelir todo esse revestimento. Em média, o fluxo menstrual dura cinco dias. Nesse intervalo, diz-se que uma menina está *menstruando*.

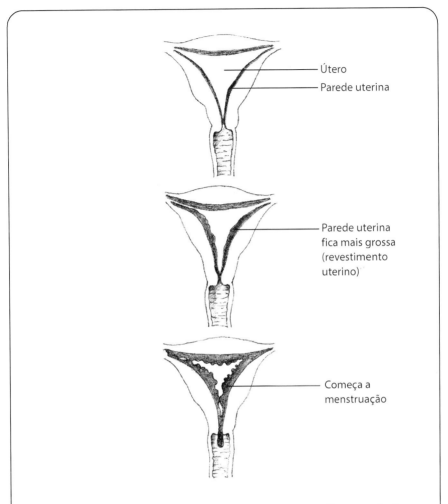

Figura 46. Menstruação. Quando os ovários estão prontos para liberar um óvulo maduro, a parede uterina fica mais grossa. Se o óvulo não estiver fertilizado, o revestimento uterino na parede se dissolve, dando início à menstruação.

Enquanto está menstruada, a garota costuma usar um absorvente externo ou interno para impedir o vazamento de sangue. Os absorventes, como o próprio nome diz, são feitos de material que absorve fluido e são usados dentro da calcinha. Os absorventes internos são feitos de algodão e inseridos na vagina (ver Figura 47).

Geralmente, uma menina menstrua pela primeira vez entre os 9 e os 16 anos de idade. A média é aos 12 ou 13 anos. Algumas meninas ficam anima-

162 | O QUE ESTÁ ACONTECENDO COM O MEU CORPO?

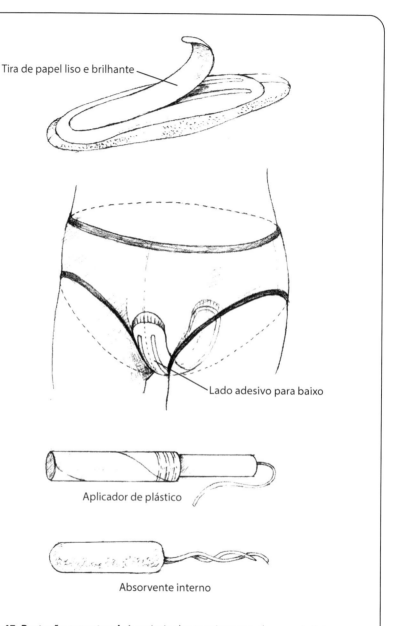

Figura 47. Proteção menstrual. A maioria das meninas usa absorvente interno ou externo para absorver o fluxo menstrual. A figura mostra o lado adesivo de um absorvente externo: ele é coberto por uma tira de papel liso e brilhante. Quando esse papel é removido, o absorvente adere à calcinha, com o lado adesivo para baixo. Os absorventes internos são inseridos na vagina. Às vezes, vêm dentro de um aplicador de plástico, como mostra a figura.

das diante da perspectiva de menstruar pela primeira vez, outras nem tanto. Muitas se preocupam que a primeira menstruação aconteça sem que estejam prevenidas. Temem que o sangue vaze nas roupas sem que percebam, o que seria embaraçoso. Isso pode acontecer, mas, de modo geral, a jovem sente a umidade e tem tempo de ir ao banheiro. Além disso, o sangramento não se dá de uma só vez. No decorrer de todo o período menstrual, só se perde cerca de um quarto a um terço de xícara de sangue. Portanto, o fluxo ocorre de maneira lenta e gradual.

O ciclo menstrual

Após o útero ter expelido o revestimento, começa o período menstrual. Enquanto isso, outro óvulo já está amadurecendo para ovulação. Assim que o sangue menstrual para de escorrer, a parede uterina começa a engrossar novamente, preparando-se para a próxima ovulação e para outra possibilidade de gravidez.

Na mulher adulta, a ovulação ocorre mais ou menos uma vez por mês. (Em média, a cada 28 dias.) Cerca de uma vez por mês após a ovulação anterior, o ovário libera outro óvulo maduro. Este percorre a tuba uterina em direção ao útero. Se o óvulo não estiver fertilizado, o novo revestimento uterino mais uma vez se dissolve e outro período menstrual tem início.

Esse ciclo de menstruação e ovulação é chamado de ciclo menstrual (ver Figura 48). O ciclo inteiro vai do primeiro dia de sangramento em um período até o primeiro dia de sangramento do período seguinte. Em média, um ciclo leva 28 dias, mas poucas são as mulheres cujo ciclo funciona como um relógio. A duração do ciclo pode variar de um ciclo para o próximo, e também de uma mulher para outra. Mulheres jovens são particularmente propensas a ter ciclos irregulares. Dois ou três anos podem se passar até que os ciclos regulares se estabeleçam. Algumas meninas nunca são muito regulares.

O ciclo menstrual se repete durante boa parte da vida adulta de uma mulher. Ele para enquanto a mulher estiver grávida. Doença, estresse e amamentação também podem fazer com que uma mulher tenha falhas nos períodos menstruais. Mas, de modo geral – exceto na gravidez –, uma mulher continua a menstruar e ovular até entrar na *menopausa*.

A puberdade é o momento da vida de uma menina em que começa a menstruação. A menopausa é a fase na vida de uma mulher em que a menstruação para.

Isso acontece geralmente quando ela tem entre 45 e 55 anos.

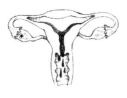
Dias 1-5: Nos cinco primeiros dias, a parede uterina está se decompondo e a menina começa a menstruar. Ao mesmo tempo, os óvulos começam a amadurecer.

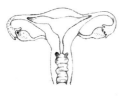
Dias 6-13: No decorrer desses dias, os óvulos continuam amadurecendo. Além disso, a parede do útero começa a engrossar e a ficar rica em nutrientes.

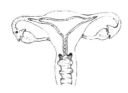
Dia 14: No décimo quarto dia do típico ciclo menstrual de 28 dias, ocorre a ovulação. Geralmente só um óvulo é liberado.

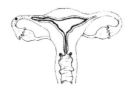
Dias 14-19: No decorrer desses dias, o óvulo passa pela tuba uterina em direção ao útero. A parede uterina continua a engrossar.

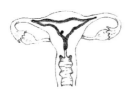
Dia 20: O óvulo chega ao útero mais ou menos no vigésimo dia do ciclo típico.

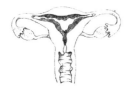
Dias 21-28: Se não estiver fertilizado, o óvulo se dissolve e a parede uterina se decompõe. Começa o sangramento novamente no vigésimo nono dia, que é o dia 1 do ciclo seguinte.

Figura 48. Ciclo menstrual. Um ciclo menstrual típico dura 28 dias. No entanto, a duração pode ser mais longa ou mais curta. Moças que começaram a menstruar ainda jovens são particularmente propensas a ter ciclos menstruais irregulares.

Hormônios

Como você deve se lembrar do capítulo 6, a puberdade começa no cérebro. Tanto em meninos como em meninas, substâncias químicas produzidas no cérebro se deslocam até a glândula pituitária. Lá, elas fazem com que a pituitária comece a produzir hormônios.

Nos meninos, os hormônios da pituitária chegam aos testículos, e o levam a produzir o hormônio testosterona. Nas meninas, os hormônios da pituitária vão parar nos ovários, que começam a produzir o hormônio *estrógeno*.

Nos meninos, a testosterona ajuda os testículos a produzir espermatozoides. Ele também causa o aumento dos testículos e do pênis, o engrossamento da voz, o desenvolvimento dos músculos e outras mudanças próprias da puberdade. Nas meninas, o estrógeno ajuda os óvulos a amadurecerem no ovário, além de causar o amadurecimento dos órgãos sexuais, o desenvolvimento dos seios e outras mudanças típicas dessa fase.

O estrógeno também ajuda a controlar o ciclo menstrual. Na primeira parte do ciclo, antes da ovulação, os ovários produzem quantidades cada vez maiores de estrógeno. Este ajuda os óvulos a amadurecerem. Após a ovulação, os ovários começam a produzir outro hormônio chamado progesterona. Os níveis desses dois hormônios provindos dos ovários sobem e caem no decorrer do ciclo menstrual e controlam o processo de menstruação e ovulação.

Cólicas menstruais

Cólicas menstruais são dores abdominais que às vezes acompanham o fluxo menstrual. Geralmente começam com o sangramento, ou um pouco antes. Costumam durar de um a três dias e variam de uma sensação de peso a uma dor prolongada e aguda, como uma cãibra. São piores nas primeiras 24 a 36 horas.

Quase todas as mulheres têm cólicas em algum momento da vida; mas, para a maioria, elas não são um problema e não atrapalham as atividades cotidianas. No entanto, algumas mulheres têm dores tão fortes que precisam ficar alguns dias de cama.

As cólicas são mais comuns em adolescentes que em mulheres mais velhas. Hoje em dia, os médicos têm tratamentos eficazes que geralmente funcionam, mesmo no caso de as cólicas serem mais intensas. Há também remédios que podem ser comprados sem receita médica.

Outras mudanças menstruais e TPM

Algumas garotas e mulheres notam mudanças no corpo ou nas emoções que começam em determinados momentos de seus ciclos menstruais. Essas mudanças podem ser agradáveis, como se sentir com mais energia ou mais criativa, ou desagradáveis, com sintomas como tensão, dor de cabeça, problemas intestinais, inchaço ou aumento de peso temporário. Algumas meninas observavam que, pouco antes do início do período menstrual, ficam irritadas ou mais propensas a depressão.

As garotas que experimentam mudanças negativas antes do período menstrual podem ter a síndrome de tensão pré-menstrual, ou TPM. Ninguém sabe ao certo o que causa a TPM. Alguns médicos acham que é decorrente de uma falta de vitamina ou problema nutricional. Outros creem que é produto de desequilíbrio hormonal. A maioria das mulheres tem alguns desses sintomas.

Espero que este capítulo tenha ajudado você a aprender alguma coisa a respeito das mudanças da puberdade nas meninas. Lembre-se: quanto mais informações você tiver, menos confusa será a puberdade.

9
IMPULSOS ROMÂNTICOS E SEXUAIS

Acho que sou meio doido por sexo. Estou sempre pensando em meninas, fantasiando, e me masturbo muito, pelo menos duas vezes por dia. Você acha que eu sou normal?

— Anônimo, caixa de perguntas

Perguntas como essa são frequentes porque, no decorrer da puberdade, muitos de nós têm fortes impulsos românticos e/ou sexuais. Para alguns garotos, isso faz com que passem algum tempo imaginando um romance ardente com uma pessoa especial, ou que tenham fantasias sexuais. Alguns têm o impulso de se masturbar com maior frequência. Outros começam a se interessar pelo sexo oposto, apaixonam-se ou começam a namorar.

Esses impulsos românticos e sexuais podem ser muito fortes. Às vezes, parece que você só consegue pensar em romance e sexo. Alguns jovens ficam tão ligados nisso que até se assustam. Se você se preocupa com a intensidade de seus impulsos românticos ou sexuais, é bom saber que esses sentimentos são perfeitamente normais. Muitas pessoas de sua idade estão passando pela mesma coisa.

Nem todos os meninos vivem esses fortes sentimentos na puberdade. Alguns se envolvem mais com esportes, escola, música ou qualquer outra coisa. Às vezes, ouvimos perguntas como esta:

168 | O QUE ESTÁ ACONTECENDO COM O MEU CORPO?

Meus amigos vivem falando de sexo e tudo o mais. Eu não tenho o menor interesse por essa coisa de romance. Você acha que tenho algum problema?

– ANÔNIMO, caixa de perguntas

Assim como cada pessoa tem uma programação interna de desenvolvimento para as mudanças físicas da puberdade, há também uma programação pessoal para os interesses românticos e sexuais. Portanto, você não precisa se preocupar se todos os garotos da sua idade estão envolvidos em romance e você não está. Não há nada de errado com você. A única coisa diferente é que sua programação pessoal funciona em outro ritmo. Há muito tempo ainda para você experienciar impulsos românticos e sexuais.

Os meninos em minhas aulas têm curiosidade a respeito de tudo que é ligado ao sexo, principalmente sobre os tipos especiais de impulsos românticos e sexuais dos jovens durante o crescimento. Já tratamos, neste livro, de fantasias e masturbação. Ter fantasias e se masturbar são coisas íntimas, que a pessoa faz sozinha. Neste capítulo, abordaremos mais os impulsos sexuais e românticos que envolvem outras pessoas. Falaremos de paixonites, namoro e amor. Mas antes queremos apresentar alguns pontos em relação à amizade.

APENAS AMIGOS

Na nossa infância, ninguém se importa com o fato de duas crianças de sexos opostos serem amigas. De vez em quando, alguém brinca com a ideia de namorico infantil. Mas não há nada de complicado se um garotinho e uma garotinha brincam juntos, se são superamigos ou se passam a noite um na casa do outro. Quando vai chegando a puberdade, no entanto, as coisas mudam. De repente, não é mais apropriado você passar a noite na casa de sua melhor amiga. As outras crianças na escola ou os adultos à sua volta começam a deduzir que vocês são mais que "apenas amigos". Imaginam que vocês gostam um do outro de maneira mais ou menos romântica, como namorados.

Pelo menos, os jovens em minhas aulas costumam dizer que é mais difícil ser "apenas amigos" depois de determinada idade. Veja o que disse uma menina:

Vou à festa de Halloween na casa do Paul no próximo sábado, e meu irmão vive me provocando, "Ah, você gosta do Paul, está apaixonada pelo Paul". Bem, eu gosto do Paul, mas não assim. De repente, a gente não pode mais ter amizade com um garoto. Tem que ser namorado ou namorada, como se a gente tivesse um romance.

– FELICIA, 13

Um menino de 11 anos era amigo de uma garota desde que eram pequenos. Veja o que ele disse:

Fui à casa da Hilary para dormir lá e estávamos nadando na piscina. As meninas da casa vizinha chegaram e começaram a dizer coisas do tipo: "Hum, você está brincando com uma menina. Ah, vai passar a noite na casa de uma menina. Que esquisito!"

– DONNY, 11

Muitos pré-adolescentes se queixam desse tipo de provocação e do modo como os adultos pressupõem que um amigo do sexo oposto é mais do que "apenas um amigo". Nas aulas, falamos sobre como lidar com esse problema. Eis algumas sugestões:

- Simplesmente ignore as provocações e os rumores. Tenha uma atitude do tipo "e daí?". Afinal, é da conta dos outros se você está perdidamente apaixonado por sua amiga?
- Explique às pessoas que vocês *são* "apenas amigos". Diga a elas que você acha interessante e divertido vocês serem "apenas amigos".
- Converse com sua amiga a respeito das provocações para vocês não ficarem sem graça na presença um do outro.

Se você tem esse tipo de problema, experimente seguir os conselhos. Não deixe essa "coisa do romance" impedi-lo de desfrutar a amizade com uma pessoa do sexo oposto.

PAIXONITES

É claro que às vezes desejamos ter um romance. Na verdade, muitos rapazes criam paixonites. Uma paixonite – ou "queda" – por alguém significa ter um sentimento romântico ou sexual por determinada pessoa. As paixonites podem ser muito excitantes. Só de pensar naquela pessoa ou vê-la de relance, seu dia já fica iluminado. Você pode passar horas deliciosas imaginando um romance com ela.

Às vezes, um garoto se apaixona por alguém que dificilmente corresponderá à afeição. Pode ser uma atriz de cinema, uma cantora de *rock*, uma professora, outra mulher adulta ou uma amiga dos irmãos mais velhos. Esse tipo de paixão pode ser uma forma saudável e segura de experimentar os sentimentos românticos e sexuais. Mesmo assim, apesar de fingir que não, no fundo sabemos que aquela pessoa é inatingível, por isso não precisamos nos preocupar com problemas reais quanto ao que dizer ou como agir. Temos a liberdade de imaginar o que quiser, sem nos preocupar se a pessoa se sentirá atraída por nós. De certa forma, ter uma queda por uma pessoa inatingível é um modo de ensaiar para o momento em que teremos uma relação romântica verdadeira.

Mas esse tipo de paixão também pode causar sofrimento. Se você perceber que tem um amor platônico, é bom lembrar a si mesmo que essa pessoa pela qual você está apaixonada com certeza não corresponderá ao seu afeto.

Contudo, nem todas as paixões são platônicas. Você pode ter uma queda por alguém de idade próxima à sua, que você conhece pessoalmente da escola, da igreja ou de qualquer outro lugar. Se essa pessoa também se mostrar interessada em você, a paixonite pode ser muito boa. Mas desejar uma pessoa que não corresponde à sua afeição pode machucar. Se suas paixões lhe causam problemas, fale com alguém a respeito de seus sentimentos. Pode ser uma amiga, uma professora, seu pai ou sua mãe, um adulto ou um terapeuta.

Quando os garotos conversam conosco sobre um interesse romântico ou sexual por uma pessoa que conhecem pessoalmente, costumam perguntar: *Como a gente sabe se uma pessoa gosta da gente? Como a gente faz para essa pessoa saber que a gente gosta dela?*

Basicamente, há duas maneiras: faça isso você mesmo ou peça a um amigo. Se escolher a segunda opção, que seja uma pessoa em quem você realmente confia, pois não é bom que a escola inteira saiba. É sempre mais fácil deixar que outra pessoa fale por você, mas lembre que, se fizer isso, você não terá muito controle do que será dito. Suponha, por exemplo, que você quer apenas que seu amigo mencione seu nome para uma garota para ver a reação dela. Só que esse amigo pode fazer de um jeito que dê a impressão de que você está terrivelmente apaixonado por ela.

Por esse e outros motivos, algumas pessoas preferem agir sozinhas. Há muitas maneiras de você informar outra pessoa de seus sentimentos. Pode ser gentil, puxar papo, forçar uma situação para ficar perto dela, convidá-la para sair ou simplesmente dizer a ela o que sente. Pode também observar se ela faz essas mesmas coisas com *você*. Se fizer, provavelmente o sentimento dela é recíproco.

Independentemente de você se aproximar dela ou pedir a alguém que vá por você, a conversa tem de ser particular. Ela pode não se sentir à vontade para dizer o que sente na frente de amigos ou colegas. Talvez ela goste mesmo de você, mas não queira dizer isso na frente de todos.

IMPULSOS HOMOSSEXUAIS

Às vezes, as pessoas se apaixonam por pessoas do mesmo sexo. Quando mencionamos esse assunto no curso, sempre surgem questões a respeito da *homossexualidade*.

Homo significa "mesmo". Ter um *impulso homossexual* significa nutrir sentimentos sexuais, fantasias, sonhos ou paixões por uma pessoa do mesmo sexo. Muitos meninos e meninas têm pensamentos ou impulsos homossexuais, ou até experiências sexuais com indivíduos do mesmo sexo no decorrer de seu crescimento.

Se você já teve impulsos ou experiências homossexuais, saiba que isso é perfeitamente normal. Não se preocupe. Talvez você se sinta um tanto confuso, aborrecido ou assustado com esses sentimentos ou experiências. Talvez já tenha ouvido piadas ou gírias ofensivas a respeito da homossexualidade. Nesse caso, deve ter ficado em dúvida quanto ao que sentiu ou experienciou. É possível que tenha ouvido alguém dizer que a homossexualidade é moralmente errada, pecaminosa, anormal ou um sinal de doença mental. Esses comentários podem tê-lo deixado preocupado. Se você ouviu tais coisas (ou não), é bom conhecer mais a respeito da homossexualidade.

Quase todas as pessoas têm pensamentos, impulsos, fantasias ou experiências homossexuais em algum momento da vida. É por isso que só se considera um indivíduo realmente homossexual se seus sentimentos e impulsos sexuais mais fortes, quando adulto, forem por uma pessoa do mesmo sexo. Aproximadamente um em cada dez adultos em nossa sociedade é homossexual.

Tanto homens quanto mulheres podem ser homossexuais. As mulheres homossexuais também são chamadas de *lésbicas*. *Gay* é um termo não ofensivo para pessoas homossexuais. Em toda a história da humanidade, sempre houve indivíduos homossexuais, alguns muito famosos. Indivíduos de qualquer classe social, etnia, afiliação religiosa ou nível econômico podem ser homossexuais. Médicos, enfermeiras, advogados, motoristas de ônibus, policiais, artistas, empresários, ministros, rabinos, padres, professores, políticos, jogadores de futebol, pessoas casadas, solteiras, pais – todos, enfim.

A maioria dos adultos em nossa sociedade é *heterossexual*. *Hetero* significa "oposto". Os heterossexuais têm fortes impulsos sexuais e românticos por pessoas do sexo oposto. A maioria de suas experiências sexuais envolve o sexo oposto.

Tratamos de alguns fatos básicos, mas, se você for como a maioria das meninas em minhas aulas, provavelmente ainda tem dúvidas quanto à homossexualidade. Veja algumas respostas a certas perguntas.

A homossexualidade é moralmente errada? É antinatural, anormal ou um sinal de doença mental?

Antigamente, muitas pessoas achavam que a homossexualidade era pecaminosa ou anormal. Algumas ainda acham isso. Entretanto, hoje em dia cada vez menos pessoas acreditam em tais coisas. É uma questão pessoal; algumas pessoas simplesmente são homossexuais. Ser homossexual é perfeitamente saudável, normal e aceitável.

O que é uma pessoa bissexual?

Uma pessoa bissexual sente atração tanto por homens quanto por mulheres, e é capaz de ter atividades sexuais com ambos os sexos.

Se uma pessoa tiver muitos impulsos homossexuais ou sair muito com alguém do mesmo sexo no decorrer de seu crescimento, será homossexual na idade adulta?

Ter impulsos ou experiências homossexuais durante o crescimento não significa que você será homossexual na idade adulta. Muitos jovens que têm impulsos e experiências homossexuais acabam se tornando heterossexuais quando adultos. E, claro, alguns se tornam realmente homossexuais.

Conversamos com muitos adultos homossexuais a respeito de seus impulsos quando ainda estavam se desenvolvendo, e as respostas foram bem variadas. Alguns tinham impulsos homossexuais; outros, heterossexuais. Outros, ainda, não tinham nenhum impulso sexual forte, homo ou heterossexual.

Uma pessoa pode saber com certeza se é *gay* ainda na juventude?

Sim. Pelo menos alguns adultos homossexuais dizem que sabiam que eram *gays* já na adolescência. Alguns afirmam que já sabiam disso na infância.

Para mais informações a respeito da homossexualidade, consulte o recurso na página 194.

NAMORO

No decorrer da puberdade, muitos jovens começam a namorar. Isso pode ser divertido e excitante, mas também pode trazer problemas. Por exemplo, talvez você queira namorar antes de uma idade que seus pais considerem apropriada. Ou talvez você não se sinta preparado para um relacionamento, embora seus pais o pressionem para isso. Você pode não saber se quer namorar firme com uma pessoa, ou ter várias namoradas. Se estiver namorando alguém há algum tempo e decidir que quer conhecer outras meninas, pode ser difícil terminar o relacionamento. Ou se sua namorada "firme" quiser namorar outro rapaz, talvez você fique triste e tenha dificuldade para lidar com a situação. Além disso, talvez você queira namorar e ninguém se interesse por você. Isso pode gerar depressão.

Mais uma vez, se você tiver quaisquer problemas em relação a namoro, converse com uma pessoa que você respeita e que seja de confiança. Pode ser seu pai ou mãe, um amigo, irmão ou irmã mais velhos, ou qualquer outra pessoa. Além do mais, vale a pena dar uma olhada em algumas das perguntas que surgem em minhas aulas a respeito do assunto.

O que acontece se a gente quer namorar, mas nunca namorou e começa a achar que nunca vai namorar?

Se os outros meninos que você conhece já começaram a namorar, mas voce ainda não começou, talvez sinta que isso nunca acontecerá com você. Nesse caso, é bom se lembrar de que cada pessoa tem sua programação pessoal também nas questões amorosas. Pode parecer muito difícil se sua programação for mais lenta que a dos outros garotos, mas isso não significa que você nunca vai namorar. Pode demorar um pouco, mas, no fim, você também vai começar a namorar. Temos certeza disso!

Lembre-se de que você tem muitos anos pela frente. Não importa se começar a namorar quando tiver 13 ou 20 anos. O importante, no fim das contas, é você se sentir bem consigo mesmo.

O que fazer se toda vez que você convida uma pessoa para sair, a resposta for "não"?

Se você convidou várias vezes uma pessoa para sair e ela sempre disse "não", talvez seja bom encarar o fato de que ela não quer sair com você. É difícil saber exatamente quantas vezes você deve insistir até desistir de vez. Isso vai depender, em parte, do que a pessoa costuma dizer. Se você sabe que ela namora ou simplesmente não se interessa por você, a situação é clara: pare de convidá-la. Mas, se ela diz, "que pena, estou ocupada...", experimente repetir o convite em outra ocasião. Talvez ela queira sair com você, mas esteja realmente ocupada. Porém, se você continuar tentando, mas a resposta for sempre essa ou algo parecido, experimente dizer algo do tipo: "Bem, quando você tiver um tempo livre, me avise então", e pare de convidá-la. Ela poderá escolher entre fazer-lhe ou não o convite.

Se você já convidou várias pessoas diferentes para sair e todas disseram "não", você deve estar se sentindo meio desanimado, achando que há algo muito errado ou horrível em você e que ninguém jamais aceitará seus convites. Mas antes de se sentir mal, pare um instante para pensar. Quem você está convidando? Talvez as pessoas erradas! Está convidando apenas as garotas mais bonitas e populares? O problema pode estar aí. As garotas mais bonitas e populares devem receber um monte de convites de outras pessoas. Suas chances seriam maiores se você convidasse alguém menos popular e não tão linda assim. Além disso, o fato de alguém ser popular ou bonito não significa necessariamente que será uma boa companhia. O mais importante é você se sentir feliz quando sai com alguém. Os dois se dão bem e se sentem à vontade? Divertem-se juntos? As qualidades interiores de uma pessoa são muito mais importantes que a popularidade ou a aparência.

Reflita também se conhece bem a pessoa que você está convidando para sair. Se você convida alguém que mal conhece, talvez esse seja o motivo da recusa. Espere algum tempo até conhecê-la melhor e deixe que ela o conheça também. Assim, suas chances de ouvir um "sim" ao convite serão maiores.

Também vale a pena pedir a um amigo ou amiga dos dois que verifique algumas coisas antes de você convidar alguém para sair. Esse amigo ou amiga pode lhe dar uma ideia de qual seria a reação dessa pessoa ao convite. Se não houver o menor interesse, você se poupará da decepção da recusa. Além disso, você pode perguntar a um de seus amigos quem *ele* convidaria para sair. As pessoas adoram bancar o cupido. Seus amigos podem sugerir alguém que você nunca teria imaginado. Podem até saber de alguém que esteja interessada em namorar você! Portanto, não hesite em pedir ajuda dos amigos.

O que fazer se a gente quer namorar, mas os pais não deixam?

Os jovens costumam escolher uma destas alternativas para lidar com esse problema: (1) namoram mesmo assim, sem que os pais saibam; (2) obedecem às regras dos pais até ficarem mais velhos; (3) tentam fazer os pais mudar de opinião. Analisemos as três alternativas.

Namorar às escondidas não é uma boa ideia. Se você for pego, pode ficar encrencado. Isso sem contar que seus pais terão dificuldade para confiar em você no futuro. Mesmo que você não seja pego, provavelmente se sentirá culpado por mentir. E o sentimento de culpa não é nada divertido. Enfim, namorar às escondidas é arriscado.

Por outro lado, é muito difícil seguir as regras dos pais e esperar até você ficar mais velho, principalmente se há uma pessoa que você gostaria de namorar. Geralmente, os pais não são maldosos ou injustos; apenas tentam proteger os filhos de "um envolvimento sério" quando ainda são muito novos. Talvez tenham razão. Se seus pais não o deixam namorar, faça estas perguntas a si mesmo: Os outros garotos da minha idade namoram? Será que vou perder alguma coisa se esperar até ficar mais velho?

Se a verdadeira resposta a essas perguntas for "não", então vale a pena esperar. No entanto, você pode sentir que seus pais são rígidos demais ou talvez antiquados. Nesse caso, pense na terceira opção: fazê-los mudar de ideia.

Isso nem sempre é fácil, mas vale tentar. Para começar, descubra o motivo exato dessas regras. Com o que eles se preocupam? Se eles lhe explicarem, você pode fazer um acordo com eles. Se, por exemplo, seus pais acham que você é muito novo para namorar, talvez o deixem sair com grupinhos de amigos. Ou, se não o deixarem ir ao cinema com uma menina, talvez o deixem ir a uma festa de meninos e meninas ou trazer uma garota à sua casa.

APAIXONAR-SE

Muitos jovens se apaixonam ou, pelo menos, acham que estão apaixonados. Mas como saber se o que você sente é realmente amor?

Não se pode medir uma emoção. As pessoas têm ideias diferentes do que é amar ou estar apaixonado. Por isso, não podemos lhe dizer exatamente o que é o amor, mas podemos, sim, lhe dar algumas noções sobre o assunto.

176 | O QUE ESTÁ ACONTECENDO COM O MEU CORPO?

Achamos que é importante reconhecer as diferenças entre *paixão* e o verdadeiro amor. A paixão é um sentimento intenso, excitante (e às vezes confuso ou assustador), parecido com o estouro de rojões. Você pode se envolver tanto na paixão, que mal conseguirá pensar em outra coisa. Às vezes, as pessoas confundem paixão com amor, principalmente porque ambos podem começar da mesma maneira. Mas, certamente, esses sentimentos são diferentes. A paixão é passageira. O amor verdadeiro é duradouro. Ademais, você não precisa conhecer alguém muito bem para se apaixonar; mas, para amar verdadeiramente uma pessoa, você precisa conhecê-la (tanto suas qualidades quanto seus defeitos). A paixão pode acontecer de repente. O amor verdadeiro leva mais tempo. Uma paixão pode, por fim, se transformar em amor. Ou a paixão pode passar, e você descobrir que os dois "não foram feitos" um para o outro.

Seu relacionamento pode começar com uma explosão de paixão, ou se desenvolver de maneira mais lenta e gradual. Seja como for, um relacionamento amoroso, cedo ou tarde, passa por um estágio de questionamento. Um dos dois ou os dois questionam se ele vale a pena. Nesse estágio de questionamento, um de vocês pode decidir terminar o namoro. Em nossa opinião, só depois da fase de questionamento e da decisão de realmente ficarem juntos é que você se encontrará na trilha do verdadeiro amor.

DECISÕES A RESPEITO DE COMO LIDAR COM OS SENTIMENTOS ROMÂNTICOS E SEXUAIS

Os jovens frequentemente têm dúvidas de como lidar com seus sentimentos românticos e sexuais. Quando duas pessoas se sentem atraídas uma pela outra, é natural que queiram ficaram próximas fisicamente. A aproximação física pode ser algo simples, como segurar as mãos ou dar um beijo de boa noite após um passeio. Mas pode ser mais que isso também. Ela pode incluir algo bem íntimo, como relação sexual.

Alguns jovens encontram respostas às suas dúvidas baseados no que acham que todo mundo faz. Mas geralmente estão enganados quanto ao que todo mundo faz. Além disso, *só porque todo mundo age de determinada maneira não significa que você também deva agir assim.*

É comum os jovens simplesmente seguirem o que os pais, ou as religiões, dizem quanto ao que é certo ou errado, sem pensar de fato no assunto. Por favor, não confunda o que estamos dizendo. Não afirmamos aqui que você deve ignorar os ensinamentos ou as regras de seus pais ou de sua religião. Na verdade, achamos que os pais e as religiões dão excelentes conselhos, os quais merecem ser seguidos. Mas percebemos que os jovens que aceitam tudo o que aprenderam sem se questionarem às vezes sentem dificuldade na hora de resolver conflitos. Quando se veem em situações românticas, não conseguem se adaptar às regras que lhes foram ensinadas. Estas perdem a validade diante da tremenda pressão de experimentar o sexo. Cremos que isso acontece porque essas regras não eram deles, mas de outras pessoas, para começo de conversa.

Muitos jovens, talvez a maioria, não têm certeza do que é certo ou errado. Eles procuram respostas na hora de decidir até onde podem ir. Se houvesse um tipo sempre exato de resposta, seria muito mais fácil. Poderíamos simplesmente dar-lhes essas respostas, mas isso não é tão simples assim. As pessoas têm ideias diferentes quanto a essas dúvidas e questões. Nas aulas – principalmente aulas para meninos e meninas mais velhos – costumamos passar um bom tempo abordando esse assunto. Falamos sobre como tomar decisões acerca de sentimentos românticos e sexuais e explicamos por que as pessoas sentem o que sentem, sem ficar deste ou daquele lado.

Só quando você pondera sobre as regras e escolhe quais delas vai seguir, é que elas começam a fazer sentido. E só quando essas regras são realmente suas, é que você consegue se adaptar a elas.

Antes de tomar qualquer decisão relacionada a sexo, é preciso considerar várias coisas. Não há espaço suficiente neste livro para abordar tudo o que você precisaria saber. Por exemplo, você não pode tomar decisões importantes acerca de uma relação sexual sem estar bem informado sobre contraceptivos e doenças sexualmente transmissíveis. (Ver os *boxes* nas páginas 180 e 182.) Contudo, antes de sairmos desse tema, gostaríamos de responder a algumas perguntas que são feitas em nossas aulas.

Eu gostaria de ter uma namorada, mas será que posso transar com uma pessoa da minha idade (11)?

Tenho 12 anos e há um garoto em minha classe do qual eu gosto; ele gosta de mim, também. Mas tenho medo de transar. O que devo fazer?

Geralmente são os meninos e meninas mais jovens que fazem essas perguntas. Quando as ouvi pela primeira vez, fiquei um pouco assustada diante do fato de pessoas ainda tão novas terem dúvida quanto a estar preparadas ou não para fazer sexo.

No entanto, conversando mais com os jovens que faziam esse tipo de pergunta, compreendi por que as faziam. Era porque tinham ideias errôneas a respeito da proximidade física. Alguns achavam que beijar ou estar fisicamente perto em outros sentidos são coisas que acontecem assim que você se envolve com uma pessoa. Outros achavam que, para sair juntos, era preciso, no mínimo, dar um beijo de boa noite ou ir mais longe. Outros ainda pensavam que o fato de ter namorado ou namorada implica automaticamente ter relação sexual com a pessoa.

Nada disso é verdade, mas dá para entender por que os jovens têm essas ideias. Nos livros que lemos, parece que quando duas pessoas se conhecem numa página, já estão se beijando loucamente na página seguinte. Nos filmes, às vezes se duas pessoas que não se conhecem cruzam o olhar, já estão na cama na cena seguinte!

Por favor, não se deixe confundir pelo que você lê nos livros ou vê na tevê e no cinema. Namorar não significa que você precisa transar ou mesmo beijar. Namorar é uma chance de conhecer melhor a pessoa com quem está saindo. Quando os dois se conhecerem, talvez não queiram ter nenhum relacionamento romântico ou físico. Acima de tudo, lembre-se de que, em questão de romance e sexo, ninguém pode decidir em seu lugar. Você não precisa fazer nada que não lhe pareça apropriado.

Tudo bem a gente beijar no primeiro encontro?

É errado dar uns amassos?

Quando é que a gente vai "longe demais"?

Que limite a gente deve impor?

Como explicamos anteriormente, se todo mundo tivesse a mesma opinião quanto a essas questões, as respostas seriam fáceis, mas é claro que as opiniões variam. Por exemplo, algumas pessoas não acham certo beijar logo no primeiro encontro, enquanto outras não veem problema algum nisso. Alguns acham que não há problema também em "dar uns amassos", outros não concordam.

Algumas pessoas acham que é pecado ir além disso, outras não consideram o avanço moralmente errado, mas temem que os jovens se empolguem demais e acabem indo além do que pretendiam.

As respostas dos jovens a essas perguntas são fortemente influenciadas pelas situações pessoais de cada um. Os valores de seus pais, as opiniões de seus amigos, os ensinamentos religiosos, as crenças morais pessoais e os próprios sentimentos e emoções são todos igualmente importantes. Essas influências afetam cada um de maneira diferente, mas achamos que estas orientações podem ajudar quem tenha essas dúvidas:

- Beijar, "dar uns amassos" ou ir longe demais – seja o que for, não se deixe apressar por ninguém. Só faça aquilo que tem certeza de que quer fazer. Afinal de contas, você tem muitos anos pela frente; pode esperar até ter certeza.
- Pergunte a si mesmo o que sente em relação à outra pessoa. É alguém em quem confia? Ela vai espalhar boatos ou fofocas a seu respeito? Você está fazendo isso porque gosta mesmo dela ou simplesmente porque está curioso para experimentar?
- Você está só tentando provar que já cresceu ou está tentando se tornar mais popular?
- Não pressione uma pessoa a fazer algo que não quer. Essa pressão pode vir de um garoto persuadindo uma menina a ir mais longe do que ela deseja. Mas não são só os meninos que fazem pressão. Uma menina pode agir como se o menino não fosse másculo o suficiente se não quiser beijar ou avançar o sinal.

Talvez você ainda não tenha certeza de como lidar com seus impulsos sexuais. Isso não é surpreendente. Há muitos aspectos a considerar – emocionais, psicológicos, físicos, espirituais e morais (para citarmos apenas alguns). Sempre é bom esperar um pouco mais, para que você possa refletir com maturidade sobre todas essas coisas antes de tomar uma decisão.

No fim, claro, é você quem decide. Mas vale a pena conversar sobre o assunto com outras pessoas. Não exclua automaticamente seus pais (como muitos jovens fazem). Talvez você se surpreenda ao descobrir que eles tinham as mesmas dúvidas quando eram da sua idade. De modo geral, os jovens sabem que as atitudes de seus pais são mais conservadoras que as deles. Por isso mesmo,

CONTRACEPTIVOS

Se um homem e uma mulher querem ter relação sexual, mas não desejam a gravidez, devem usar alguma forma de contraceptivo. Alguns jovens creem que a menina não pode engravidar na primeira vez que fizer sexo. Isso *não é verdade*. Muitas mulheres engravidam logo após a primeira relação sexual. Jovens que vêm tendo relações sexuais há algum tempo sem que a menina engravide criam um falso senso de confiança. Acham que como não aconteceu até aquele momento, continuará não acontecendo. Isso também *não é verdade*. Aliás, quanto mais tempo o par tiver relações sexuais sem o uso de um método anticoncepcional (contraceptivo), maiores serão as chances de gravidez. Geralmente, os jovens pensam: *Isso não vai acontecer comigo*. Acham que a gravidez só acontece com os outros. De novo: isso *não é verdade*. Qualquer casal que tenha relações sexuais sem usar contraceptivo pode engravidar; é o que acontece na maioria dos casos, cedo ou tarde.

Falando de não verdades, também não é verdade que a menina não pode engravidar se ficar pulando após uma relação sexual. Não é possível "jogar o espermatozoide para fora" desse jeito. Não é verdade que uma mulher não engravida se transar enquanto estiver menstruada. Não é verdade que a ducha vaginal após a relação impede a gravidez. E não é verdade que a mulher não pode engravidar se o homem retirar o pênis de sua vagina antes de ejacular. Na ereção, o homem produz novas gotas de fluido na extremidade do pênis. Esse fluido pode conter espermatozoides. Mesmo que ele retire o pênis da vagina da mulher, alguns espermatozoides podem ficar. Além disso, se ele ejacular perto da abertura vaginal, os espermatozoides ainda podem entrar na vagina.

Mesmo que você ainda não tenha relações sexuais, é bom aprender a respeito dos métodos contraceptivos, ou anticoncepcionais. Há vários deles. A pílula anticoncepcional é um dos melhores métodos de impedir a gravidez, mas precisa de receita médica. Outros remédios podem ser comprados na farmácia sem receita, mas não são tão eficazes quanto a pílula.

As camisinhas são feitas de látex e cobrem o pênis, assim como uma luva cobre os dedos. Elas impedem que o sêmen do homem entre na vagina durante a ejaculação. A camisinha também ajuda a proteger contra doenças sexualmente transmissíveis. E ninguém precisa de receita médica para comprá-las.

Há muitas opções de métodos contraceptivos. É importante você se informar a respeito para escolher o melhor para você. Veja os recursos na página 193.

às vezes não falam sobre questões sexuais com os pais. Porém, mesmo nesse caso, seus pais podem ter bons motivos para agir assim. E mesmo que você não concorde totalmente com eles, talvez os dois tenham algo a lhe dizer que seja útil. Também pode ser interessante conversar com um tio ou tia, irmão ou irmã, ou um amigo mais velho.

SEXUALIDADE: INIBIÇÃO/CULPA

Apesar de não usarmos a palavra "sexualidade", é de sexualidade que estamos falando neste capítulo. Na verdade, o livro inteiro trata disso. Algumas pessoas acham que a palavra sexualidade só se aplica a relações sexuais, mas ela também inclui assuntos como atitudes gerais em relação ao sexo, sentimentos quanto às mudanças no corpo, fantasias românticas e sexuais, masturbação, brincadeiras sexuais na infância, impulsos homossexuais, paixonites, abraços, beijos, uns "amassos" e aproximação física em outros sentidos.

Inibição

A maioria das pessoas se sente retraída, inibida ou até um pouco envergonhada quanto a algum aspecto de sua sexualidade. Alguns jovens, por exemplo, sentem-se muito acanhados durante a puberdade e não permitem mais que os membros de sua família os vejam nus. Outros não se sentem à vontade para fazer perguntas ou falar das mudanças que estão acontecendo em seu corpo. Algumas meninas se sentem envergonhadas quando começam a menstruar, e alguns meninos ficam retraídos quando começam a ter sonhos molhados. Não querem que seus familiares e amigos saibam dessas coisas.

Esses sentimentos de inibição às vezes se referem a atividades ou sentimentos românticos e sexuais. Alguns jovens se intimidam quando se apaixonam. Outros sentem vergonha das próprias fantasias ou de seus sentimentos homossexuais. Para a maioria, a masturbação é uma coisa muito íntima. Os jovens também se sentem inibidos quanto a situações como beijos, carícias e outras formas de aproximação física. Alguns não conseguem nem falar de tais coisas, muito menos fazê-las.

Alguns meninos e meninas se preocupam com o fato de a sexualidade ser uma coisa embaraçosa para eles. Mas essa inibição, essa timidez e essa vergonha quanto à sexualidade são completamente naturais; não significam que a pessoa é frígida ou que tem algum problema. Simplesmente mostram que o jovem é normal!

AIDS E OUTRAS DSTs

Se decidir ter relações sexuais, você precisa saber também a respeito das doenças sexualmente transmissíveis. Essas doenças também são chamadas de DSTs, ou doenças venéreas (DV). São infecções geralmente transmitidas de uma pessoa a outra através do contato sexual. Existem vários tipos de DSTs. Os mais comuns são gonorreia, sífilis, clamídia, verruga venérea e herpes. Gonorreia, clamídia e sífilis podem ser curadas, mas, se não forem tratadas logo, podem causar outras doenças graves. Não há cura para o herpes nem para as verrugas venéreas. O herpes pode causar defeitos de nascença em bebês de mulheres infectadas. As verrugas venéreas podem aumentar o risco de certos tipos de câncer.

A Aids é a mais grave de todas as doenças sexualmente transmissíveis. Ela ataca o sistema imunológico e não tem cura. Embora possa ser controlada até certo ponto com medicamentos, costuma levar à morte.

Como as DSTs são contraídas por meio do ato sexual, as pessoas às vezes têm vergonha de procurar tratamento ou dizer ao parceiro que talvez o tenha contaminado. Antes de você ter uma relação sexual, precisa saber quais são os sinais e sintomas das DSTs, o modo de evitá-las e o que fazer em caso de contaminação. Veja a seção de Recursos na página 193.

Culpa

Há, entretanto, uma diferença entre *inibição* quanto à sexualidade e um sentimento de *culpa* em relação a ela. Alguns jovens não se sentem apenas inibidos, tímidos ou envergonhados: sentem-se também culpados, horrorizados e sujos quanto a algum aspecto de sua sexualidade.

Quando um menino ou uma menina nos diz que sofre com esse sentimento de culpa, sugerimos que eles se façam esta pergunta: Eu me sinto culpado por causa de algo que pode prejudicar alguma pessoa (incluindo a mim mesmo)? Se a resposta for "não", então nosso conselho é tentar se livrar desse sentimento de culpa. Por outro lado, talvez esteja acontecendo algo ruim. Nesse caso, aconselhamos que a pessoa pare de fazer aquilo que está lhe causando esse sentimento de culpa, que procure corrigir o que for possível e que se empenhe em não fazer mais isso no futuro.

Mesmo quando uma pessoa *fez* algo ruim, geralmente não é nada muito grave. Por exemplo, talvez você se sinta culpado por ter paquerado a namorada de seu melhor amigo; mas isso não é um problema tão grave assim. Pelo me-

IMPULSOS ROMÂNTICOS E SEXUAIS | 183

nos, não é tão grave quanto o tipo de situação descrita por este garoto de 15 anos. Ele se sentia culpado por ter pressionado sua namorada a ir além dos limites dela:

> Ela não queria passar de alguns "amassos" por causa de seus padrões morais. Eu vivia insistindo e consegui... Bem, não transamos, mas fomos mais longe do que ela queria. Não a forcei, claro, mas a pressionei bastante. Agora me sinto meio pervertido; e sei que ela não se sente bem pelo que fez. As coisas mudaram entre nós. Não nos sentimos mais tão próximos.
>
> – EDWARD, 15

Esse garoto feriu os sentimentos da namorada, além de seus próprios sentimentos, e o relacionamento dos dois.

Em outras situações, o dano pode ser ainda mais sério. Por exemplo, suponha que uma relação sexual precipitada, sem proteção, resulte numa gravidez. Nesse caso, o dano é muito maior. De modo geral, quanto mais sério o dano, mais difícil será lidar com a culpa. E mesmo que você mude seu modo de agir e seu comportamento, a culpa pode não desaparecer completamente.

É importante lembrarmos que, afinal de contas, somos seres humanos e cometemos erros. Se você fez de tudo para corrigir um erro e mudar de comportamento, tente se perdoar e prosseguir com a vida.

Também queremos lembrar o leitor de que as pessoas têm ideias diferentes quanto ao que é prejudicial ou não. Considere, por exemplo, a masturbação, que causa sentimentos de culpa em muitos jovens. Pessoalmente, achamos que a masturbação é uma atividade perfeitamente normal e saudável. Desde que não seja contra os princípios morais de uma pessoa, geralmente recomendamos que os jovens que sentem alguma culpa por se masturbarem tentem relaxar e se livrar dessa culpa. No entanto, algumas pessoas têm uma visão diferente. Acham que se masturbar é pecado ou imoral e que as pessoas que se masturbam se prejudicam moralmente. Por causa de tais crenças, o conselho dessas pessoas provavelmente seria o contrário do nosso. Talvez recomendem aos jovens que parem de se masturbar.

A reação das pessoas a situações que lhes causam culpa depende não só do grau do dano causado, mas também da noção de prejudicial ou não prejudicial. Também é possível que os jovens se sintam culpados por fazer algo

184 | O QUE ESTÁ ACONTECENDO COM O MEU CORPO?

que quase ninguém consideraria prejudicial. Por exemplo, uma garota de 16 anos nos escreveu isto:

> Se eu dou um beijo de boa noite num menino, sinto muita vergonha – não na hora, mas depois. Sei que não é normal sentir culpa, mas sinto. Como posso superar isso?
>
> – FRANCES, 16

Essa garota sente culpa e vergonha simplesmente por dar um beijo de boa noite num rapaz. E a julgar pelas cartas que recebemos, ela não é a única. Alguns jovens sentem culpa, embora *não* tenham feito mal algum. Por exemplo, alguns meninos nos disseram que se sentiram não só inibidos ou embaraçados, mas também muito envergonhados pelo fato de terem tido um sonho molhado.

Os jovens às vezes sentem vergonha ou culpa por sua sexualidade, embora não tenham feito nada de errado. Nesse caso, talvez valha a pena eles se perguntarem *por que* estão se sentindo assim. Geralmente, esse sentimento ocorre porque alguma pessoa (pai ou mãe) ou grupo (talvez a religião) os ensinou a se sentirem assim. Houve épocas em que muitas pessoas em nossa sociedade tinham atitudes *muito* negativas quanto à sexualidade. Nos tempos de nossos avós, pensamentos e impulsos sexuais eram considerados malignos, obra do demônio. Os desejos sexuais eram considerados impuros ou sujos, principalmente nas mulheres. As mulheres que tivessem impulsos sexuais ou que gostassem de fazer sexo eram tidas como anormais ou pervertidas. Muitas pessoas achavam que era pecado marido e mulher terem relações sexuais, exceto para reproduzir.

É claro que os tempos mudaram e as atitudes das pessoas também. Hoje em dia, a maioria dos indivíduos em nossa sociedade tem atitudes mais positivas em relação à sexualidade. Mesmo assim, muitos continuam vendo a sexualidade como algo negativo, pelo menos até certo ponto. Pais com essa atitude podem passá-la a seus filhos. Embora os pais talvez não digam abertamente, "a sexualidade é ruim", podem transmitir essa noção e atitude de outras maneiras. Um pai ou uma mãe pode, por exemplo, se aborrecer se um bebezinho tocar os próprios órgãos sexuais, e puxar-lhe a mão, ou até lhe dar um tapa. Tal atitude pode deixar o bebê com a impressão de que os órgãos sexuais são impuros ou sujos, e que é errado ou ruim tocá-los. Quando o bebê cresce, o menino ou a menina pode sentir vergonha da menstruação ou dos sonhos molhados; ou se sentir culpado ou culpada quando se masturba.

Levando tudo isso em conta, não é à toa que alguns jovens sintam uma culpa desnecessária acerca de sua sexualidade. Eles sentem culpa, embora não tenham feito nada de errado, que causasse mal a eles próprios ou a outras pessoas. Pode ser muito difícil para tais meninos e meninas se livrar desses sentimentos de culpa, mas saber a origem deles ajuda. Qualquer um pode aprender – e, de fato, aprende – a superar a culpa.

CRIMES SEXUAIS

Quando falamos a respeito das decisões de cunho sexual em nossas aulas, geralmente aparecem perguntas a respeito de crimes sexuais na caixinha "Tudo o que você sempre quis saber". Talvez você também tenha alguma pergunta.

Às vezes, os pais não falam com os filhos sobre crimes sexuais porque não querem assustá-los. Muitos pais querem proteger os filhos até de ouvir a respeito dessas coisas terríveis. Isso é compreensível, mas a verdade é que os crimes sexuais existem, e achamos que é melhor que as crianças saibam o que são, para que possam lidar com uma situação na qual elas talvez sejam vítimas.

Estupro

Estupro significa forçar uma pessoa a fazer sexo contra a vontade dela. Ele pode acontecer com qualquer um: crianças pequenas, adultos ou pessoas de qualquer idade. A maioria das vítimas de estupro são mulheres, e a maioria dos estupradores são homens. Entretanto, é possível que um garoto ou um homem seja estuprado. Às vezes, um homem é estuprado por outro homem.

Se você sofrer um estupro, o mais importante a fazer é buscar ajuda imediatamente. Algumas vítimas ficam tão perturbadas com o que aconteceu, que só querem ir para casa e esquecer tudo. Mas a vítima de estupro precisa de cuidados médicos o mais rápido possível. Mesmo que ela não tenha se machucado gravemente, pode haver feridas internas que necessitam ser investigadas pelo médico. Também precisa ser examinada para ter certeza de que não contraiu alguma doença sexualmente transmissível. (Esses exames são um dos motivos pelos quais uma vítima não deve se lavar ou tomar banho antes de procurar o médico.) Se a vítima for uma mulher que já está na metade da puberdade, deve tomar a pílula do dia seguinte para evitar a gravidez. (Algumas meninas

186 | O QUE ESTÁ ACONTECENDO COM O MEU CORPO?

engravidam mesmo que ainda não tenham menstruado.) Uma vítima de estupro também precisa de apoio emocional e deve buscar ajuda por esse motivo.

Se você for vítima de estupro, vá imediatamente a um pronto-socorro ou chame a polícia. Ela o levará ao hospital.

Abuso sexual de crianças

O abuso sexual de crianças pode se dar por um toque, uma carícia, um beijo nos órgãos sexuais ou até uma relação sexual propriamente dita. O incesto é um tipo de abuso sexual. Consiste em um membro da família ter contato sexual com outra pessoa da mesma família. Claro que não é incesto o contato entre marido e mulher. Além disso, irmãos e irmãs também se envolvem em alguma espécie de brincadeira sexual enquanto estão crescendo, como, por exemplo, "brincar de médico" ou de "mamãe e papai". Esse tipo de brincadeira de sexo entre crianças pequenas é muito comum. Geralmente não é considerado incesto e não causa nenhum dano. Mas o contato sexual entre irmãos mais velhos ou com outros membros da família é incesto e pode causar um grande mal.

A maioria das vítimas de estupro são meninas abusadas pelo pai, padrasto, irmão, tio ou algum outro parente do sexo masculino. É possível também uma menina ser abusada por uma mulher da família. Os meninos também podem ser vítimas de incesto. Quando o incesto acontece com um garoto, o agressor pode ser um homem ou uma mulher da família. O incesto pode acontecer com crianças ainda muito novas, até mesmo bebês, bem como com crianças mais velhas e adolescentes.

Nem sempre o incesto é violento, como o estupro. Uma pessoa mais velha na família pode pressionar a criança a participar de atos sexuais sem usar a força. A maioria das vítimas de incesto fica tão aturdida com o que está acontecendo, que simplesmente não sabe como impedir que aconteça de novo.

O abuso sexual de crianças só é considerado incesto quando o agressor é um membro da família. Mas o abuso sexual também pode ocorrer quando o agressor é um amigo da família, um professor, treinador, namorado ou namorada do pai ou da mãe, outro adulto conhecido da vítima ou até um estranho. Tanto meninos quanto meninas podem ser vítimas desse tipo de abuso sexual.

Se isso acontecer com você, o mais importante é contar para alguém. Isso pode ser difícil, principalmente se o abuso for um caso de incesto.

As pessoas mais óbvias a quem você deve contar são seus pais. (Claro que no caso de incesto por parte de pai ou mãe, você deve falar com o outro – não com a pessoa que o praticou.) Entretanto, em princípio, alguns pais acham difícil acreditar nos filhos. Se, por algum motivo, seus pais não acreditarem em você, fale com outro parente, uma tia ou tio, um avô, uma irmã ou irmão mais velho que você sente que vai agir de modo diferente. Ou converse com outro adulto, um professor, a mãe ou o pai de um amigo, o responsável pela comunidade religiosa da qual você faz parte ou qualquer outro adulto em quem você confia. Ou então ligue para algum serviço de proteção ao menor – os telefones poderão ser encontrados nas listas telefônicas.

Vítimas de incesto e outros tipos de abuso sexual infantil geralmente têm dificuldade para falar do problema. Às vezes, a pessoa que cometeu o crime fez a vítima prometer que guardaria segredo. Mas há promessas que não precisam ser cumpridas e segredos que não devem ser guardados – com certeza, este é um deles. Ou então as vítimas acham difícil falar com alguém a respeito do abuso porque acham que a culpa foi delas. Culpam a si próprias porque deixaram a coisa acontecer; mas isso não é verdade. Esses crimes são sempre da responsabilidade da pessoa mais velha. *As vítimas nunca têm culpa de nada.* Elas não falam porque têm medo de represália por parte do agressor, mas a polícia ou outras autoridades tomarão providências para protegê-las.

Vítimas de incesto às vezes hesitam em falar, porque o agressor pode ter problemas com a polícia. Embora a maioria das vítimas odeie o que lhes aconteceu, algumas não querem ver um parente na cadeia. Embora o envolvimento da polícia pareça uma ideia horrível, no fim das contas, é melhor para todos. É igualmente um modo de proteger outros irmãos ou irmãs, que talvez também estejam sendo abusados. Além disso, aqueles que cometem incesto nem sempre são presos. Quando possível, o juiz determina que a pessoa faça algum tipo de tratamento psiquiátrico, garantindo, ao mesmo tempo, que a vítima seja protegida contra outros abusos.

Outro motivo pelo qual algumas vítimas preferem guardar silêncio é porque têm medo que isso acabe com a família. Temem que os pais se divorciem, ou que a situação fique pior do que já está. Mas, se o incesto continua, a situação em si já é péssima, e outros membros da família também precisam ajudar a lidar com a situação. No entanto, ninguém obterá nenhuma ajuda se a vítima não tiver a coragem de dar o primeiro passo, contando para alguém.

A maioria das vítimas de incesto e outros tipos de abuso sexual sente um misto de raiva, desconforto e vergonha. Esse sentimento atrapalha a disposição para falar. Mas você tem o direito de se proteger do abuso. Apesar de todo o embaraço, é importante falar com alguém. É realmente a melhor solução para todos.

Se você foi abusado, talvez se preocupe com o que vai lhe acontecer quando crescer e começar a ter relações sexuais. Muitas vítimas temem que os parceiros sexuais percebam que elas foram abusadas. Mas isso não acontece. Ninguém saberá do abuso, a menos que você fale.

O abuso sexual não atrapalha fisicamente sua sexualidade, mas pode provocar sequelas emocionais duradouras. Se você foi abusado, recomendamos seriamente que procure ajuda especializada para recuperar sua saúde emocional.

PALAVRAS FINAIS

Como você sabe, são muitas as mudanças que ocorrem em nosso corpo durante a puberdade. Para a maioria das pessoas, essas mudanças físicas são acompanhadas de mudanças emocionais. Por exemplo, podemos nos sentir animados, orgulhosos e felizes porque estamos crescendo, virando adultos. Mas, nessa fase, além desses sentimentos positivos, a maioria também experimenta alguns sentimentos nada maravilhosos de vez em quando. Não são raros os jovens que ficam "deprimidos", de "baixo-astral", às vezes sem motivo algum. Na verdade, parte do motivo pode ser a produção de hormônios no corpo. Os hormônios são substâncias poderosas, que podem afetar as emoções. Nosso corpo e nossas emoções levam algum tempo para se adaptar a esses hormônios, e alguns médicos acham que os altos e baixos emocionais que sentimos se devem, pelo menos em parte, às mudanças hormonais. Mas não é só isso. Não é apenas o corpo que está mudando, mas a vida inteira. Às vezes, toda essa mudança pode parecer um pouco avassaladora e podemos sentir insegurança, medo, ansiedade ou depressão.

Uma garota escreveu para mim e para minha filha, após ter lido o livro sobre puberdade para meninas, expressando sentimentos que são comuns em muitos jovens. Ela dizia:

Estou na puberdade e tenho muito medo. Todos dizem que é normal, mas sempre que estou me sentindo bem e feliz, de repente vem aquela sensação deprimente de que não quero mais crescer. Não quero ficar mais velha e enfrentar coisas como possíveis estupros, doenças, mortes etc.

Além disso, estou no primeiro ano do ensino médio, e morrendo de medo. Não quero enfrentar todas essas mudanças.

IMPULSOS ROMÂNTICOS E SEXUAIS | 189

É normal um jovem ter esses sentimentos. Saber que outros da mesma idade também passam por isso não faz você se sentir melhor, mas pelo menos você sabe que não é o único.

Outras vezes, garotos e garotas se sentem inquietos por causa da pressão para crescer de uma vez. Como disse um menino:

> Todo mundo que eu conheço está tentando crescer o mais rápido possível. Para que a pressa? Não tenho nenhuma pressa. Quero dar um tempo. Estou cansado de ver todo mundo tentando agir como adulto o tempo todo.

E às vezes, a ideia de ser mais velho e independente pode assustar. Nas palavras de outro garoto:

> Tudo bem, de repente devo ser adulto e ter todas as responsabilidades de um adulto. Mas não estou preparado para ter essas responsabilidades e tomar todas essas decisões. Daqui a alguns anos, vou para a faculdade, talvez arrume um emprego e vá morar sozinho; e não sei se quero fazer tudo isso. Às vezes, penso que quero continuar sendo criança.

Por outro lado, às vezes sentimos que as pessoas à nossa volta, principalmente nossos pais, não nos deixam crescer tão rápido como gostaríamos. Uma adolescente mencionou isso, com estas palavras:

> Às vezes, odeio meus pais. Eles me tratam como uma criancinha. Querem decidir o que eu vou vestir, como pentear os cabelos, aonde posso ir e com quem sair; que horas devo voltar para casa, blá-blá-blá. Vivem me amolando. Parece que querem que eu seja sempre "a garotinha deles", e não me deixam crescer.

Estar na puberdade e se tornar adolescente não significa necessariamente que você e seus pais terão problemas de relacionamento, mas a maioria dos adolescentes tem pelos menos alguns conflitos com os pais. Na verdade, às vezes eles se parecem mais uma guerra e estão relacionados às mudanças que ocorrem no relacionamento durante essa fase da vida dos jovens. Quando somos bebês, não conseguimos comer, trocar de roupa ou ir ao banheiro sozinhos. Nossos pais precisam nos alimentar e nos vestir. Somos *dependentes* deles para tudo. Eles cuidam de nós e nos protegem até termos idade para fazer isso sozinhos. As crianças precisam dos pais, mas também querem crescer, ter mais independência, cuidar de si próprias e tomar decisões. No começo da adolescência, você ainda é muito dependente, mas dali a alguns anos irá para a faculdade ou ganhará a vida sozinho. Assim, durante seus anos de adolescente, você e seus pais entram num relacionamento no qual você é muito dependente, mas está tentando criar uma nova situação em que se tornará totalmente independente.

Não é fácil mudar velhos modos de relacionamento e criar novos. Os pais estão acostumados a segurar as rédeas, a tomar as decisões. Talvez continuem lhe dizendo como você deve se vestir, pentear o cabelo, o que deve fazer, até como deve se sentir, mesmo quando você já tem idade para tomar decisões por si só. Essa mudança de uma situação de dependência para outra de independência não acontece sem atritos, e pode causar boa parte do estresse, da raiva e de outros sentimentos negativos próprios da adolescência.

Nossos relacionamentos com os amigos também mudam durante esses anos; e essa mudança também pode causar sentimentos de insegurança, confusão, depressão e outras emoções difíceis. É perfeitamente possível que você vá para uma escola nova, faça novos amigos, veja menos seus antigos companheiros. Quebrar antigos vínculos e fazer novos nem sempre é fácil. No decorrer desses anos, é muito importante você fazer parte de um grupo, pois as coisas ficam mais fáceis e divertidas. Mas os grupos também criam situações desafiadoras. Você pode sentir que não é aceito em determinado grupo, por mais que queira pertencer a ele. Essa sensação de "estar excluído" provoca sentimentos de solidão.

Mesmo que você seja aceito no grupo, talvez sinta que ainda há alguns obstáculos. Fazer parte de um grupo pode trazer muitas recompensas – permite-nos sentir aceitos, estar por dentro das coisas, ser menos sozinhos e inseguros. Mas, às vezes, isso tem um "preço". Talvez precisemos agir de um modo que não nos agrade, se quisermos pertencer a um grupo. Veja o que dizem alguns jovens:

Quero muito fazer parte desse grupo de jovens na escola, mas eles fazem algumas coisas de que não gosto. Dão risada de outros que não são do grupo, fazem comentários e piadas quando alguém vai apresentar um trabalho na frente da classe, e coisas assim. Quero ser aceita e tenho que fazer o que eles fazem se quiser ser aceita. Mas, se ajo assim, não me sinto bem comigo mesma.

– Margie, 14

Detesto a escola porque lá ou eu tenho que agir de determinada maneira, ou me tornar um excluído. Por exemplo, na aula você tem uma ideia diferente de alguma coisa, mas não pode dizer porque todo mundo vai rir e humilhar você. Tem que fazer e dizer a mesma coisa que todos dizem; do contrário, você não é aceito.

– TIM, 13

Minhas amigas me convencem a fazer coisas que não quero fazer. Faço parte do grupo "in", mas elas bebem e às vezes fumam maconha porque é gostoso. Meus pais me matariam se soubessem o que eu faço; e na verdade, nem gosto dessas coisas; mas acabo fazendo porque sou parte do grupo.

– SHARON, 15

Crescer é um misto de experiências. Por um lado, desejamos muitas coisas excitantes, por outro, são muitas as mudanças – físicas, de vida, no relacionamento com os pais, com os amigos e com o sexo oposto. Provavelmente deve existir alguém, em algum lugar, que viveu a puberdade e a adolescência sem um único problema, mas não apostaríamos nisso. Se você é como a maioria dos jovens, terá esses problemas ao passar pelas mudanças físicas e emocionais da puberdade. Esperamos que este livro o ajude a lidar com esses problemas. O livro é só um começo; a seguir incluímos uma seção de recursos que talvez lhe seja útil.

RECURSOS

Nesta seção você vai encontrar sugestões de livros e *sites* na internet que fornecem mais informações sobre os temas abordados neste livro. Eles estão distribuídos de acordo com os seguintes subtítulos:

- Contraceptivos, aids e outras doenças sexualmente transmissíveis (DSTs)
- Terapia e aconselhamento
- Juventude *gay* e lésbica
- Recursos para pais e professores

AVISO SOBRE A INTERNET

Os recursos aqui apresentados incluem *sites* na internet. Todas as pessoas, principalmente as mais jovens, precisam tomar cuidado com o uso da internet. Há *sites* "só para adultos" com material pornográfico e ofensivo. Se por acaso você entrar num *site* desses, saia imediatamente. Muitos deles nada mais querem que o seu dinheiro. Por isso, *nunca dê o número de seu cartão de crédito na internet sem antes pedir permissão a seus pais.* Não preencha questionários que pedem informações pessoais, como idade, número de telefone e endereço.

Também é possível conversar diretamente com outras pessoas por meio de salas de bate-papo e *e-mail*. Muitas pessoas acham essa forma de correspondência divertida. Mas pode ser perigosa. Lembre-se de que qualquer pessoa com quem você fala na internet é um estranho. Pode não ser quem ele ou ela afirma ser. Aqui vão algumas regras para você não ter problemas.

RECURSOS | 193

- Nunca dê seu sobrenome, endereço, senha da internet, número de telefone ou número do cartão de crédito a pessoas com quem você "conversa" na internet. Não diga a ninguém em que escola você estuda, qual igreja frequenta, aonde vai com os amigos ou quaisquer outras informações que ajudem um estranho a encontrá-lo. Pare imediatamente de se corresponder com qualquer um que peça essas informações.
- Nunca marque um encontro com uma pessoa com quem você "conversa" na internet.
- Pare imediatamente de se corresponder com qualquer pessoa que use linguagem "suja" ou que, de uma forma ou de outra, faça você se sentir pouco à vontade.
- Se ficar aborrecido ou intrigado com alguma coisa que aconteceu na internet, converse com seus pais ou algum outro adulto de sua confiança.

A internet é uma magnífica fonte de informações. Siga as regras e preserve sua segurança.

CONTRACEPTIVOS, AIDS E OUTRAS DOENÇAS SEXUALMENTE TRANSMISSÍVEIS (DSTS)

- *Changing Bodies, Changing Lives: A Book for Teens on Sex and Relationships*, de Ruth Bell e outros (Random House, 1998).

  Esse livro é ótimo para adolescentes. Há alguns capítulos excelentes sobre contraceptivos e doenças sexualmente transmissíveis. O livro também aborda vários outros assuntos, tais como sexualidade, transtornos alimentares, abuso de substâncias, cuidados com a saúde emocional e sexo seguro.

TERAPIA E ACONSELHAMENTO

Ninguém precisa lidar sozinho com situações emocionais difíceis. Essas situações são mais fáceis de enfrentar quando você procura ajuda. Há várias maneiras de encontrar alguém para ouvir seus problemas e ajudá-lo. Você pode conversar com seus pais ou algum parente, uma amiga, um professor ou com o responsável pela comunidade religiosa da qual faz parte.

Também há outros recursos, tais como:

- **Ligar para um serviço especializado:** Procure na lista telefônica linhas que oferecem esse tipo de ajuda a adolescentes. Se não encontrar, ligue para a polícia ou para o juizado de menores e peça informação. (Não precisa dar seu nome.) Se você mora numa cidade pequena, procure na lista de alguma cidade grande próxima.
- **Entrar em contato com alguma clínica para adolescentes:** Essas clínicas oferecem terapia e aconselhamento. Se você mora numa cidade pequena que não conta com essas clínicas, procure na lista de alguma cidade grande próxima.
- **Entrar em contato com sua comunidade religiosa:** Peça ao responsável pela sua comunidade a recomendação de algum terapeuta.
- **Ligar para uma estação de rádio:** Alguma estação de rádio com programas para adolescentes talvez possa recomendar uma terapia especializada. Não precisa falar no ar; apenas ligue e diga que precisa de ajuda.
- **Conversar com o médico da família:** Ele poderá recomendar um terapeuta na região.
- **Entrar em contato com algum centro médico de saúde mental:** Esses centros geralmente oferecem atendimento a adolescentes.

JUVENTUDE *GAY* E LÉSBICA

- *Young, Gay and Proud*, de Don Romesburg (Alyson Publications, 4ª ed., 1995).

    Esse é um excelente livro de referência para pessoas que estão descobrindo e começando a lidar com sua sexualidade.

RECURSOS PARA PAIS E PROFESSORES

Muitos dos recursos nesta lista também são úteis para pais e professores. Incluímos alguns de nossos favoritos.

- **ETR Associates**
    site: <http://www.etr.org>
    A ETR publica e distribui material sobre sexualidade e educação sexual a educadores e pais, incluindo livros, vídeos e outros recursos. Recomendo de modo especial o programa "New Methods for Puberty Education – Grades

4-9". O catálogo deles pode ser visto *on-line*; se você gostar, pode encomendar um catálogo gratuito.

- *From Diapers to Dating: A Parent's Guide to Raising Sexually Healthy Children*, de Debra W. Haffner (Newmarket Press, 1999).

  Esse livro apresenta muitos conselhos sensatos e ponderados, bem como orientações para os pais lidarem de modo inteligente com várias questões pertinentes à sexualidade.

- *Como falar para seu filho ouvir e como ouvir para seu filho falar*, de Adele Faber e Elaine Mazlish (Summus, 2003).

  O livro ensina habilidades básicas para comunicação, preciosas para pais e professores.

- *The Kinsey Institute New Report on Sex*, de June Reinisch e Ruth Beasly (St. Martin's Press, 1994).

  Essa obra básica de referência contém informações sobre vários temas, incluindo puberdade, anatomia e fisiologia, saúde sexual e sexualidade no ciclo da vida.

- *P.E.T.: Parent Effectiveness Training*, do dr. Thomas Gordon (New American Library Trade, reedição, 1990).

  Guia clássico destinado a pais e educadores. Ensina valiosas habilidades para comunicação.

CONFIRA TAMBÉM:

Este livro foi composto na tipografia
ITC Giovanni Book, em corpo 10/15, e impresso em
papel off-set no Sistema Digital Instant Duplex
da Divisão Gráfica da Distribuidora Record.